跃升

打造新质生产力的企业高端化升级路径

张文彬 蔺 雷 ◎ 著

企业管理出版社

图书在版编目（CIP）数据

跃升：打造新质生产力的企业高端化升级路径 / 张文彬，蔺雷著. -- 北京：企业管理出版社，2024.6.
ISBN 978-7-5164-3080-4

Ⅰ.F272.3

中国国家版本馆 CIP 数据核字第 202492SZ42 号

书　　名：	跃升——打造新质生产力的企业高端化升级路径
书　　号：	ISBN 978-7-5164-3080-4
作　　者：	张文彬　蔺　雷
责任编辑：	尤　颖　黄　爽
出版发行：	企业管理出版社
经　　销：	新华书店
地　　址：	北京市海淀区紫竹院南路 17 号　　邮　　编：100048
网　　址：	http://www.emph.cn　　电子信箱：emph001@163.com
电　　话：	编辑部（010）68701638　　发行部（010）68414644
印　　刷：	北京联兴盛业印刷股份有限公司
版　　次：	2024 年 6 月第 1 版
印　　次：	2024 年 6 月第 1 次印刷
开　　本：	710 毫米 ×1000 毫米　1/16
印　　张：	16.5
字　　数：	220 千字
定　　价：	88.00 元

版权所有　翻印必究　·　印装有误　负责调换

FOREWORD ONE
推荐序一

中国企业如何走好跃升之路

中国企业联合会、中国企业家协会常务副会长兼秘书长　朱宏任

"跃升"就其本意来说,是指超出常规的快速提升过程。用这两个字描述中国企业的改革发展历程一点也不为过。

回首历史,中国企业在中华人民共和国成立以后,带着满身农业社会的泥土,励精图治,艰苦奋斗,推动中国工业迈上了实现现代化的进程。虽然受到国内外各种因素的影响与干扰,但中国企业坚韧前行,在近30年的时间里实现了第一次跃升,助力中国工业"从无到有",初步形成了较为完整的工业体系,在创业中打下了中国经济的基础。

1978年中国共产党带领全国人民高举改革开放大旗大步前进,中国企业的队伍快速壮大,数量众多的中小企业如雨后春笋般破土而出,一批有实力的企业规模扩张,成为与国外同行共舞的大企业。伴随着社会主义市场经济体制的逐步建立,抓住全球化的契机,中国企业成就了中国特色社会主义国家的伟大事业,用30年左右的时间,实现了第二次跃升,推动中国工业迈上了"从小到大"的平台,在发展中构筑了中国经济的脊梁。

2010年是中国企业跃升成绩的标志之年。经过了一个半世纪，中国再次站上了世界制造第一大国的位置，综合实力和国际影响力持续提升，成为世界经济增长的动力之源、稳定之锚。2012年党的十八大之后，以习近平同志为核心的党中央带领中国跨入新时代，中国企业为实现中国工业"由大变强"，开始了新奋斗，准备做好新跃升。正如习近平总书记在建党一百年纪念大会上指出的那样：今天，我们比历史上任何时期都更接近、更有信心和能力实现中华民族伟大复兴的目标，同时必须准备付出更为艰巨、更为艰苦的努力。

风雨如磐，曙光在前。在迎来中华人民共和国成立75周年的重要时刻，面对国际局部冲突不断、经济乱象一片、霸权国家无理行动不绝的世界百年未有之大变局，中国企业正在经历一场严峻的考验。如何在习惯于数量扩张之路的情况下，找到新的升级之路，特别是在三年重大疫情之后，能够重拾发展，再现跃升之势，实现做强做优的目标，既需要认真深入的思考，也需要更多的实践。毋庸置疑，创新是企业实现竞争力再造的力量源泉，是企业穿透经济周期的制胜法宝，是企业助跑起跳实现跃升的必然选择。

2023年9月习近平总书记在黑龙江考察时，第一次提出了新质生产力的重要概念。新质生产力不仅成为经济学家、理论工作者竞相讨论解释的全新理论命题，也是各级政府加快新阶段发展的重要遵循，更是企业家和企业人士高度关注并认真学习的方向指针。新质生产力由创新起主导作用，是具有高科技、高效能、高质量特征，符合新发展理念的先进生产力质态。新质生产力是由技术革命性突破、生产要素创新性配置、产业深度转型升级催生的先进生产力，全要素生产率的大幅提高是其核心标志。

显然，新质生产力为中国企业指出了一条坚定信心、自立自强、

推荐序一 | 中国企业如何走好跃升之路 |

开拓创新,在全方位提升竞争力中实现高端化跃升,加快跻身世界一流企业的必由之路。对广大企业来说,以新质生产力建设加快高端化升级不只是一个认识问题,而是要痛下决心,重拾转折的凤凰涅槃的过程。其中既有战略定位、竞争策略的问题,也有技术创新、产品研制的问题,还有市场竞争、商业运营的问题,任何一个环节的失败都有可能导致企业整体转型升级失败。

我想郑重地向关心企业沿着新质生产力转型发展的企业家、企业管理人员和各方人士推荐张文彬、蔺雷两位青年学者最新撰写的《跃升——打造新质生产力的企业高端化升级路径》(以下简称《跃升》)这本书,它会为大家提供有益启示和成功案例。感谢两位作者的信任,我得以先睹为快,一气呵成看完了样书。可以毫不夸张地说,一种喜悦之情油然而生。这是一本致力于总结中国企业家如何以创新推动企业成功转型升级的实践经验汇编,可以看作是探讨新质生产力发展道路的精心之作。本书不仅展现了熠熠生辉的中国企业家创新实践案例,而且对创新实践进行了理论归纳与总结,可以作为企业发展新质生产力的参照。

从本书中的一桩桩生动的实例中,可以感受到中国企业家们爱国敬业、以企业为本、创新争先、敢于担责、默默耕耘、无私奉献、锲而不舍的企业家情怀和精神;可以看到,不仅是高新技术行业可以推进新质生产力的发展,而且规模不大的传统行业企业,也能够借助数字化、网络化、智能化的创新腾飞跃升,跻身高端市场,实现高技术、高效能、高质量的新质生产力发展。

习近平总书记强调,"高质量发展需要新的生产力理论来指导,而新质生产力已经在实践中形成并展示出对高质量发展的强劲推动力、支撑力,需要我们从理论上进行总结、概括,用以指导新的发展实践"。欣喜看到两位青年学者以对时代的责任感,在新质生产力刚刚提出不久,就以企业为样本开始了研究探索,并取得了难得的研究成果。应该指出,两位青年学者的这种努力是对贯彻习近平总书记要求的一种积极响应,应给予充分的肯定与鼓励。《跃升》通过充分汲取中国企业实践经验而形成的创新共性框架体系,尽管还有不少待充实与完善的空间,但完全可以作为广大企业学习借鉴的参考,也可以作为理论工作者有益的研究案例汇集。

希望两位作者坚持这样的研究方向,紧跟中国企业创新实践,多出更优秀、更高质量的研究成果。也祝愿和期待更多中国企业在发展新质生产力的过程中实现高端跃升,成功迈向世界一流企业。

FOREWORD TWO
推荐序二

依靠创新推动企业迈向中高端

国务院研究室原副主任　向东

祝贺张文彬、蔺雷两位青年学者的新作《跃升》出版发行。感谢两位作者的信任，我得以先睹为快。

《跃升》一书聚焦中国企业如何迈向中高端的产业升级主题，抓住了当前我国企业发展最关键的两个方面，即高质量和创新。前者指明了我国企业发展的目标，就是要通过向中高端转型升级，实现高技术、高效能、高质量的发展；后者指明了通向高质量发展的路径，那就是创新。唯有创新，才能实现高质量发展。习近平总书记指出，发展新质生产力是推动高质量发展的内在要求和重要着力点，必须继续做好创新这篇大文章，推动新质生产力加快发展。新质生产力的提出既具有重大的理论意义，又具有重大的实践价值，指明了新阶段我国创新发展的大方向与新命题，就是要以新质生产力塑造我国经济新的核心竞争力和发展新动能，实现高质量发展。《跃升》系统总结了一批中国企业如何依靠创新实现高技术、高效能、高质量发展的成功经验，是一部探讨我国企业发展新质生产力的力作，其出版发行正当其时，十分有意义。

通读全书，感受颇深。一方面，深深感动于我们中国这些普通却又伟大的企业家。他们以企业为本，创新争先，敢于担责，默默耕耘，无私奉献，既具有非凡的战略眼光、敏锐的市场洞察力，又有敢于冒险的精神，还有不成功不罢休的锲而不舍精神，数年带领企业一步一个台阶向高端攀登，充分展现了他们身上所体现的优秀企业家特质。另一方面，深切感受到这些案例企业经验的弥足珍贵。这些案例企业大多数属于传统行业，规模不大，但却通过创新实践成功迈向产业中高端，实现了高质量发展。这样的企业样本无疑具有十分普遍的推广价值。这些案例企业的成功实践无疑让我们更多企业更能够坚定通过创新驱动实现转型升级和高质量发展的信心和勇气。

更为重要的是，本书所展示的案例企业实践经验和作者分析总结出的框架和内容具有十分重要的借鉴参考价值。我认为至少有以下几点：一是要从经济发展的视角来理解创新的本质内涵。"创新"一词自1912年约瑟夫·熊彼特在其《经济发展理论》一书中首次提出以来，创新的内涵和外延不断得到发展，变得越来越复杂。人们在对创新的理解越来越多的同时，又容易对创新的本质产生误解。本书的企业实践再次向我们证明，企业对于创新的理解一定要回归到约瑟夫·熊彼特最初对创新的定义，即：创新是一种经济发展方式，创新的本质是"生产要素的重新组合"；"新组合"的目的是获得潜在的利润，即最大限度地获取超额利润；"企业家"的职能就是实现"创新"。这三个方面的理解对于今天中国企业的发展十分重要。正如《跃升》一书所指出的一样，企业在向中高端转型突破时要定位于中高端市场，服务于中高端市场，最后获得市场认可，这是一个完整的商业运营闭环，也是一个完整的创新过程，而不仅仅是技术维度的攻关突破。这就是从经济发展视角理解的创新本质。二是要从创新链的视角来寻求企业迈向中高端的突破点。技术创新不是指技术本身的创新，而是指把以科技为核心的知识创新成果引入生产过程所导致的生产要素和生产条件的重组或生产函数的转移，涵盖了R&D（科学研究与试验发展）、产品设计、工程化、生产制造、销售等活动，这是一个完整的创新链。本书所展示的案例有从R&D和产品设计环节寻求突破的，也有在工程化和生产制造环节实现突破的，还有通过新技术路线构建全新产业链实现突破的。这为我们广大企业如何实现创新突破打开了视野，创新突破不仅仅是技术突破，还可以围绕技术创新链的多个环节定位突破。三是要实现更高科技含量的创新，以获取真正的竞争优势。较长时期以来，我国企业技术获取源头大多是西方发达经济体。通过"引消吸"的方式获得相对先进的技术，再通过低成本获得市场竞争优势，从而推动企业发展。近年来，随着我国产业技术与西方差距逐渐缩小，西方发达经济体开始限制或禁止向我国输出先进技术，同时从国家产业安全的角度来看，我国也必须增强自主技术创新的能力。党的二十大将"实现高水平科技自立自强，进入创新型国家前列"纳入2035年我国发展的总体目标。从企业实践来看，我们必须瞄准制约产业发展的关键核心技术和"卡脖子"技术，真正通过自主创新实现突破，牢牢掌握技术的自主权，构筑起自身的竞争优势，从而获得高附加值的回报，这也是今天中国企业迈向中高端进程中最难但也必须突破的关键点。一旦迈过此坎，中国企业将真正实现凤凰涅槃，进入世界一流企业的竞争行列中。

PREFACE
作者序

迈向高端，浪潮已至

向上走、去跃升，是人类的自发追求，更是企业家的本能。中国企业一直坚定地走在转型升级的路上，只是近十年来中国内外部环境的深刻变化，大大加速了这一进程。

改革开放后 40 多年的高速发展，让我国的经济总量跃居世界第二，全球影响力显著提升。但这也引起了西方发达经济体的警觉，开始对我国采取一系列技术限制和脱钩断链措施，我国的技术和产业升级遭到了前所未有的重度打压。此外，国内各类资源供给和生态环境达到极限，各种要素成本高企，传统的粗放型发展模式难以为继。有人形象地将中国面临的这种发展环境概括为"三明治困境"，即低端产业受到后起的东南亚国家更低成本的竞争，经济底部面临压力；中高端产业受到欧美等发达经济体的打压，经济顶部面临较大压力，被夹在中间异常难受。

怎么办？中国必须双线作战，谋求突围。

党的十八大以来，国家进行了一系列前瞻性战略部署，包括实施创新驱动发展战略、全面贯彻新发展理念、开展供给侧结构性改革、构建双循环发展新格局、布局数字中国建设、推进新型工业化、发展新质生产力等。我们发现，虽然这些战略部署的侧重点不同，但都贯穿一条主线，即引领推动中国经济这艘巨轮摆脱传统发展模式，向高端跃升，迈进高质量发展的新时代。

与这条战略主线一致，中国企业正在高端化升级的道路上一路狂飙，奋力迈向产业价值链高端，尤其是那些量大面广的传统行业和传统企业。这些行业和企业是我国经济的基本盘，它们的高端化升级既有 0 到 1 的"卡脖子"自主技术突破，也有 1 到 N 的产业化创新升级，犹如星星之火点燃了中国大地。由于工作原因，我们两位作者调研和接触了大量这类企业，深度了解了一个个振奋人心的创新升级故事。

吉利远程作为国内商用车企后起之秀，另辟蹊径地选择了"绿色甲醇—液氢燃料—醇氢动力"的全新技术路线，构建起独具优势的新能源商业车产业链。2023 年 5 月，吉利远程第 15 万台新能源商用车下线，成为全球首个达成这一成就的新能源商用车品牌。

河北钢铁作为传统产业，主动瞄准新能源和绿色低碳方向，首创"焦炉煤气零重整竖炉直接还原"工艺技术，建成投产全球首例 120 万吨氢冶金示范工程，实现炼铁工艺流程近零碳排放，建设了世界领先的长流程绿色钢厂。

青岛赛轮作为一家民营企业，在全球首创"化学炼胶"技术工艺并取代传统"物理炼胶"工艺，"液体黄金"轿车轮胎较普通轮胎的耐磨指标提升 20% 以上、滚动阻力降低 30% 以上，达到世界领先水平；攻克了世界最大 63 英寸巨型轮胎制造难题，巨型工程子午胎市场份额居全球第三、国内第一，打破了长期以来国外巨头垄断的局面。

作者序 | 迈向高端，浪潮已至 |

无锡一棉作为传统纺织企业，瞄准特高支纱的高端市场，自主创新突破特高支纱纺制工艺、关键设备和专件器材技术瓶颈，成功实现多型号特高支纯棉纱的规模化生产，特高支纱市场占有率连续多年名列全球第一，成为高档纺织品细分领域的单打冠军。

中复神鹰作为混合所有制企业，经过十多年的艰苦探索，发展成为国内第一家、世界第三家掌握干喷湿纺 T700/T800 碳纤维生产技术的企业，建成世界最先进的千吨级干喷湿纺碳纤维生产线，打破国外技术装备垄断，满足了国内高性能碳纤维的市场需求。

青岛浩丰改变了千百年来依靠土地从事农产品种植的传统生产方式，率先建立了封闭的智能玻璃温室，形成了高标准数字化种植管理方法，建成亚洲最大的双头双花智能育苗工厂和育种研究院，运营 3000 多亩智慧玻璃温室，实现全年 52 周不间断供应水果番茄，每平方米产量突破 60 公斤，持续打破国内番茄产量纪录。

....

每当接触这样鲜活、生动又极具震撼力的案例，都让我们对这些优秀的中国企业和企业家群体充满敬意，让我们看到了中国企业走向世界的希望，更让我们坚定了中国经济迈向高科技、高效能、高质量发展新道路的信心。更弥足珍贵的是，这些企业大多是传统行业企业，规模不大，却是细分行业的头部企业或单项冠军企业，这才是中国多数企业最普遍的样板，因此，他们的成功实践更具有普遍推广的价值和意义。

在过去的几年时间里，我们接触走访了 40 多家这类企业，详细了解了他们如何通过创新突破成功实现高端化升级，系统梳理出其中的共性经验和启示。概括来看有以下几点：

第一，高端化升级不能简单地理解为产业形态的更替，核心是增长质态的升级。不能简单地认为只有所谓新兴产业才是高端产业，传统产业就是低端产业，更不能片面地认为高端化升级就是放弃传统产业，不断追求那些高大上的新产业。本书中案例企业的实践不断证明，高端化升级与产业形态没有直接关联，其核心是实现企业发展质量和发展效能的升级，传统产业更有可能占领高端市场，实现高附加值增长。

第二，高端化升级要沿着创新链突破，实现有技术含量的升级。一个产品从技术原理、基础研究、产品开发、试制，到工程化放大和规模化生产是一个完整的创新链，企业高端化升级要沿着创新链寻找关键突破点，掌握关键环节的核心技术和能力，而不能一直采用传统的引进、模仿、并购的升级方式。只有具备技术含量的高端化，才能形成真正的竞争壁垒，切实提升产品和服务的附加价值，得到高价值回报。

第三，高端化升级要务实创新，实现商业价值。企业高端化升级起步于高端市场定位，闭环于获得高端商业价值。企业高端化升级的路径可以是技术革命性突破，也可以是产品性能的迭代升级，还可以是生产要素的创新性配置，但最终都必须获得高端客户订单、实现商业价值。所以，企业高端化升级一定不是打补丁，而是换系统，既要有技术突破、产品制造、商业实现，也要有相应的战略定位、能力培育和机制变革，一个都不能少。

第四，高端化升级要善用中国优势。中国拥有庞大而多层次的市场需求，这是中国企业高端化升级最为宝贵的战略优势。中国企业就是在不断满足由低到高、不同层次的市场需求中逐渐实现高端化跃升的。同时，中国还拥有全世界最健全的产业门类和制造体系，这是补全创新链和延伸产业链最有利的条件，让企业的高端化升级拥有无比丰富的技术资源和产业资源。此外，中国特色社会主义市场经济体制让我们既有"集中力量办大事"的新型举国体制，也有完全通过市场配置资源的市场化机制，这为高端化升级提供了市场化创新与新型举国体制创新及其相互协同的多种路径选择。

第五，高端化升级必须充分激发优秀企业家精神。在调研和交流中，我们深切感受到，企业的高端化升级之所以能成功，最关键的是有一群优秀的企业家。他们具有非凡的战略眼光、敏锐的市场洞察力、敢于冒险的精神、高超的商业运作能力，还有不成功不罢休的锲而不舍精神。只有真正发挥这些优秀企业家的创新主体作用，真正营造鼓励创新创业的机制氛围，真正出台务实管用的政策来保护、激发更广大的企业家敢于创新、善于创新，才会让更多的企业实现高端化跃升，中国经济才可能真正实现高质量发展。

伟大的创新时代，必定会涌现出一批通过创新实现高端化跃升的企业。每一个伟大的企业在成功的那一瞬间，一定会在回望当年走过的路时，感谢当初奋力一跃的自己。

在几年的调研交流中，我们深切地感受到，高端化升级有神奇的带动效应，一家企业实现了高端化，会带动一批企业的跟进；一小群企业的高端化涌动，势必激发一大波企业的创新突破。这就是中国发展的底气，更是中国发展的骨气。

愿我们永留这样的底气，永葆这样的骨气。

2024 年 3 月于北京

目录

CHAPTER 1
| 第一章 | **启航：探寻新时代中国企业高端化升级之路** /001
——沿创新链实现突破，是高端化升级的第一法则

高端化动因：企业高质量发展与"卡脖子"突围 /003
高端化问题：企业高端化升级的三大障碍 /013
高端化破解：基于三链贯通的定位—选点—突破—落地 /019

CHAPTER 2
| 第二章 | **高端市场定位是勇气、认知与能力的完美融合** /025
——企业的高端市场定位，必须基于自主技术突破

企业高端市场定位的"三步法" /027
策略一：国产替代占领高端市场 /032
策略二：勇闯技术无人区创造高端市场 /042
策略三：通过业务与技术延伸进入高端市场 /049
策略四：满足国家战略需求的高端市场定位 /058

CHAPTER 3
｜第三章｜ 有了自主技术突破，才有高端化的一切 / 063
——聚焦自主技术突破与产品升级，实现高端化

创造新技术：开辟新技术路线 / 065
赶超老技术：产品开发高端升级 / 082
新研发手段：数字化实现弯道超车 / 089

CHAPTER 4
｜第四章｜ 扼住制造的喉咙，高端化升级才会畅通 / 103
——突破制造工艺与装备产线瓶颈，实现高端化

全新产品：突破可制造难点 / 105
已有产品：掌握生产工艺诀窍 / 113
工程化放大：核心装备开发与自主产线设计 / 121
服务型制造：智能化升级新模式 / 134

CHAPTER 5
｜第五章｜ 市场突破，商业闭环 / 145
——拿到高端客户订单，高端化升级才真正闭环

打造全新商联网 / 147
用户深度协同绑定 / 154
专有品牌数字营销 / 162

CHAPTER 6
| 第六章 | **无机制，不升级** / 171
——用新机制，整合与激活内外部高端资源

打造创新链闭环机制 / 173
活用创投持股机制 / 191
妙用内创业机制 / 203
巧用新型举国体制 / 214

CHAPTER 7
| 第七章 | **中国企业高端化升级启示录** / 223
——勇气、能力与换系统，一个都不能少

创新勇气：高端化升级的企业家精神 / 225
能力要求：高端化升级的"六力"模型 / 232
战略认知：高端化升级不是打补丁，而是换系统 / 238

| 后记 | **遥不可及与近在咫尺** / 242

第一章

启航：探寻新时代中国企业高端化升级之路

——沿创新链实现突破，是高端化升级的第一法则高质量发展是企业的使命，高端化升级则是达成这一使命的必经之路。

企业高端化升级的核心是用高附加值产品占领高端市场，获取高额利润。对企业来说，高端客户用 20% 的份额，贡献了 80% 的利润，因此用最关键的人才、最尖端的产品抓住核心的高端客户，这在任何时候都是经营发展的底层逻辑。然而，要从中低端升级到高端绝非易事，既要突破核心技术，又要打造商业闭环，还要贯通产业链条，迈过几道关卡。

中国企业的高端化之路与国外发达国家不同，其既有自身跃升的强烈动机，更是国际环境倒逼的结果。一方面，经过改革开放 40 多年的发展，中国企业具备了一定的技术能力和资源基础，试图向全球价值链高端进军；另一方面，国外全方位的"卡脖子"和脱钩断链逼得我们必须自主创新，掌握高端化升级所必需的技术、工艺、装备、材料、算法、软件等核心能力。在如今"前有围堵、后有追兵"的形势下，党中央更是明确提出发展新质生产力、实现产业深度转型升级。对企业来说，如何用新质生产力的新思想推动企业高端化发展，怎么认识高端化升级的内涵，如何瞄准高端市场、打造高附加值产品？迫切需要理论回答和实践路径。本章讲述新时代中国企业高端化升级的两个动因、三大障碍和破题思路，给出企业通过创新链突破实现高端化升级的策略和框架。

第一章 | 启航：探寻新时代中国企业高端化升级之路

高端化动因：企业高质量发展与"卡脖子"突围

究竟什么是企业的高端化升级？下面来看两个例子。

2010年，一部苹果iPhone 3手机所有的零部件都由国外生产，中国企业只能赚取其中6.5美元的组装劳务费，占整个手机制造成本的3.6%；

2018年，一部苹果iPhone X手机中，有10家中国企业生产的零部件融入了苹果供应链，获得了104美元的附加值。

从0家供应商到10家供应商，从6.5美元的成本占比到104美元的附加值提升，恰恰体现出中国企业在苹果手机供应链中的高端化升级。

当然，真正占据全球手机价值链高端的仍是苹果公司，它的营收虽然不占优势，却收割了全行业90%的利润，"Designed in California, Assembled in China"（美国加州设计，中国组装）的品牌溢价非常之高。

对中国企业来说，能进入高端产品的供应链本身就是高端化升级的表现，当然最完美的是自己研发设计和生产高端产品、占据高端市场、获取远高于行业平均利润的超额利润，实现"Designed in

China，Assembled in China"。这就是华为 mate 系列手机，真正用自己研发的芯片、操作系统和强大的算法功能占据了高端手机市场，与苹果手机分庭抗礼。

2023年，比亚迪的高端产品亦呈井喷之势，其仰望 U8、腾势、方程豹等车型中多项自主研发技术的创新应用和产品高端定价，给人们带来从低端向高端迈进的巨大震撼。

高科技产品的高端化容易被人感知，但其实传统产品有着更为巨大的高端化升级空间。下面来看一个最普通的行当——瓜子行业。

在中国，最贵的一斤原味瓜子多少钱？60元！这个价格是普通原味瓜子的5倍多。有人买吗？当然有，来自内蒙古巴彦淖尔市的三胖蛋瓜子一年的销售额达30亿元。在坚果炒货这个看似传统实则孕育着巨大机会的细分赛道，三胖蛋打通了从原料种植到精细加工及品牌创造的完整创新链，"十斤瓜子选二两"的三胖蛋模式就是颇具代表性的一种高端化。

什么是企业高端化？这就是高端化。企业高端化一定是面向高端市场、通过高端产品、高端能力来体现的。具体来说，企业高端化有五个特征：

一是必须瞄准高端市场，而不是原来的低端市场；

二是必须打造高端产品，切实提升产品的附加价值；

三是必须掌握产品创新链上某个独特技术或掌握整条创新链；

四是必须获取高附加值，实现品牌的高溢价；

五是必须在产业链里有强话语权，具有独特的竞争优势。

按照这个标准，近年来一些人们熟悉的中国产品已经成功进入国际高端市场，比如中国的高铁、浮法玻璃、北斗导航、华为手机与光通信、锂电池等。此外，还有一些人们不熟悉但其实在专业领域已经实现高端化的企业产品，比如无锡一棉的特高支纱、首钢吉泰安的电工钢、太原钢铁的特种钢、吉利远程的醇氢商用车、中复神鹰的碳纤维、青岛赛轮的"液体黄金"轮胎、多氟多的电子级氢氟酸、国家电网的特高压直流和交流输电等。

锁定高端市场，对企业来说既是取胜之道，又是发展之本，因此它是企业的本能之举。当企业有能力为头部客户创造价值后，排在第二、第三的潜在客户成为企业客户的概率就非常大，从而让自己有机会跃居行业龙头。

我们发现，通过高端化升级成为行业龙头的企业大致分为两类：一类是"大而强"企业，他们通常是行业中的巨无霸、链主企业或头部企业；另一类是"小而美"企业，比如隐形冠军、单项冠军、专精特新企业等。所以，高端化并不见得一定要是体量庞大的巨型企业，这些企业反倒可能因为船大难掉头和惯性过强而难以顺利实现高端化升级。

不论哪种形态的高端化，都切中经济高质量发展的要义，更是企业发展新质生产力的落地体现。我们不妨把新质生产力的上述特征与我们梳理的企业高端化升级内涵进行对照（见表1-1），就会发现高端化升级是发展新质生产力最本质、最重要的目标要求和实现路径。

表1-1　新质生产力与企业高端化升级对照

新质生产力	高端化升级
创新起主导作用	沿创新链寻找突破点实现高端升级，形成新的创新链闭环
高科技、高效能、高质量	科技创新突破，产品高附加值，占据高端市场
符合新发展理念	绿色低碳、开放共生的高端化
技术革命性突破	开辟新技术路线实现高端化

续表

新质生产力	高端化升级
生产要素创新性配置	新模式、新研发、新装备、新产线、新软件、新数据、新劳动者的创新配置推动高端化升级
产业深度转型升级	从产业全球价值链的低端，升级为全球价值链的高端
劳动要素组合的跃升	高端人才、机器人、数字化工具、AI先进技术和数据驱动高端化升级
全要素生产率大幅提升	实现高端化后人均劳动生产率显著提升，技术和知识附加值大幅提升

资料来源：本书作者（2024）。

根据权威解读，新质生产力内涵是创新起主导作用，摆脱传统经济增长方式、生产力发展路径，具有高科技、高效能、高质量特征，符合新发展理念的先进生产力质态。它由技术革命性突破、生产要素创新性配置、产业深度转型升级而催生。以劳动者、劳动资料、劳动对象及其优化组合的跃升为基本内涵，以全要素生产率大幅提升为核心标志，特点是创新，关键在质优，本质是先进生产力。而企业高端化升级摆脱了传统以规模数量发展取胜的低成本模式、人海战术、高能耗路径，转而以人才、知识、技术、数据等新的高级生产要素为支撑，以新技术、新产品、新业态模式和新产业实现高附加值、绿色低碳的高水平发展。

纵观中国企业的发展历程，高端化升级是一种必然。如今，中国企业经过艰苦跋涉，从当初只有零星的企业实现高端化，走到群体高端化升级的爆发临界点。中国技术创新管理领域的顶级专家、清华大学经管学院技术经济管理系前系主任吴贵生教授曾指出，中国企业自主创新的路径是"进得去、立得住、站得稳"。我们认为，在新时代企业自主创新还要"走得好"：

"进得去"是指企业能够进入国际市场竞争和产业链，拿到门票；

"立得住"是指企业在进入国际市场后，能够相对稳定发展，而不是很快被淘汰出局；

"站得稳"是指企业积累了一定的技术和市场能力，有跟竞争对手掰手腕的基础底气，在业内有了自己的地位和影响力；

"走得好"是指企业通过核心技术突破实现高端化升级，进入价值链和产业链的高端。

如今，中国企业已经从"站得稳"阶段进入"走得好"阶段，企业家高端化的雄心一点也藏不住。但要实现雄心，就必须跟国外企业硬碰硬。

自2018年起，部分西方发达国家对我国进行有针对性的"卡脖子"封锁和脱钩断链，如今已持续6年有余。为什么恰恰在2018年前后中国企业开始遭遇一系列的"卡脖子"封锁和脱钩断链？很简单，当你试图进入别人占据多年的高端市场时，对手必然要进行反击阻挠，否则他的竞争优势就会减弱。在科技和产业领域中，最简单的方式就是不跟你合作，甚至强行掐断一切联系。很显然，这是一种违反基本市场规律的竞争手段，因为脱钩断链最终很可能导致"两败俱伤"的结局，但即便出现这种负和博弈结果，高端玩家也一定会这么干。

更让人难受的是，这种"卡脖子"不是只针对创新链前端的技术封锁，而是超乎想象的全方位"卡脖子"——国外企业不仅终止对我国企业的技术输出和技术合作，还限制科技人才流动，关闭本国市场、转移本国订单，强行掐断关键零部件和原材料的供应链，中断核心生产装备的出口，关闭数据库和软件授权。

"卡脖子"发生在创新链的各个环节，而不只是卡前端的技术研发环节。只有经历过的企业才能真切体会到被全链"卡脖子"的难受滋味：

前端——技术原理、技术路线、产品开发技术、基础数据库；

中后端——工艺技术、工业软件、生产技术、生产装备、关键零部件、检验检测、原材料、质量控制。

以下是几种典型的"卡脖子"情况，相信看过之后，很多企业或多或少会从其中发现自己的影子。

一是"卡脖子"复杂系统技术。

比如，发电核心设备"重型燃气轮机"的设计制造难度极大，核心技术长期被美国通用电气、德国西门子、日本三菱重工、意大利安萨尔多四家公司垄断。我国约200台重型燃气轮机机组的核心技术完全依赖于国外，这不但影响机组运行经济性，而且影响国家能源安全。我国尚未从整体上掌握关键核心技术，也未建立起自主可控的产业技术体系。因此，要突破"卡脖子"系统的限制，必须进行全面系统的技术攻关，而不只是某个环节。

二是"卡脖子"产品技术。

比如，碳纤维是保障国家安全、武器装备制造急需的关键战略物资，更是新兴战略产业发展的重要支撑。然而，国外对碳纤维进行技术封锁和产品垄断，尤其是对世界最先进的干喷湿纺技术一直封锁，导致长期以来我国碳纤维严重依赖进口，必须突破干喷湿纺技术实现国产化替代。

三是"卡脖子"工艺技术。

比如，现代工业生产中有一种应用极为广泛的添加剂材料——气相二氧化硅，将其添加到建筑胶里，就能起到补强作用。但其难度在于，将这种材料从500纳米做到200纳米、300纳米相对容易，但是把它从200纳米再做到100纳米，其难度就呈几何级数增长。这种材料的制备核心技术和市场主要由德国、美国和日本的几大公司控制，我国的生产和表面处理水平与国外有很大差距，2023年以前国内市场上的气相二氧化硅量少价高且大量靠进口，价格最高能达到10万元一吨，很多企业还因为买不到而停产。这逼得中国企业必须进行技术攻关，实现制造工艺技术的全部自主化。

四是"卡脖子"生产技术。

比如，MDI是一种生产难度高但用途特别广的塑料原料，它是制备聚氨酯的关键原料。在20世纪很长一段时间里，全球只有少数几家化工巨头拥有MDI的自主知识产权和生产能力。早年我国从国外高价购买了被其淘汰的生产设备，但一直未掌握生产技术诀窍，因为国外厂商对MDI生产技术一直封锁，使得我国企业对MDI的生产持续不达产，原件配换都要几个月。

五是"卡脖子"数据。

比如，玻璃碳纤维材料的开发需要大量数据做支撑，数据的规模和质量高低直接决定了玻璃材料的配比和性能，更影响了研发速度和效果。2020年，由于中美关系紧张，涵盖36万种玻璃性能数据的国际最大玻璃材料数据库美国Sci Glass7.7停止向中国大陆地区开放，形成"卡脖子"数据，这对中国玻璃纤维材料企业的研发和制造带来巨大影响。

六是"卡脖子"装备。

比如，在过去数年，中国集成电路行业实现技术突破，被"卡脖子"最严重的装备就是光刻机。光刻机是半导体制造中用于将电路图案精确转移到硅片上的关键设备，没有光刻机会严重影响芯片的制造过程。欧美等国家的光刻机设备禁止向我国出口。再比如，中国企业在实验室里研发成功特高支纱技术后，长时间没法量产，因为缺乏能支撑特高支纱线稳定可靠生产并且能保证产品高质量要求的生产装备，传统的中低端纱线生产装备自动化、智能化程度低。

七是"卡脖子"零部件。

比如，高端电子测量仪器长期被国外一流公司垄断，而且价格昂贵，部分高端仪器对我国禁运，严重限制了我国高端装备发展。国内电子测量仪器企业主要聚焦中低端产品开发，长期处于跟跑状态。国外巨头采取"一卡两冲"，对国内仪器厂商进行打压。

八是"卡脖子"软件。

比如，中国工业软件长期受制于国外，每年上交的升级费、关键模块的更新费让国外软件企业赚得盆满钵满。商业航空发动机的软件系统、芯片的设计软件、高铁设计软件和运算控制软件，以及生产一线的许多软件都受制于国外相关公司。

为什么国外企业说卡就能卡我们？

背后的逻辑并不复杂。简单来说，一是国外买不来，二是国内搞不定。企业高质量发展必须进入高端市场，但进入高端市场、推出高端产品所需的技术、工艺、装备、产线、材料、算法、软件等多掌握在国外企业手中，国内上下游企业无法提供配套解决方案。因此，国外就能借机"卡脖子"。

首先，原来"即买即用"的舒适产业生态没有了。当中国企业处在中低端市场时，很多关键技术、装备产线、材料、零部件可以从国外购买，日子好过到让不少企业产生了很强的对外技术依赖。然而，当中国企业试图打破"国外高端—中国低端"的传统产业生态，形成一个新的分庭抗礼的竞争格局时，一些关键的技术、产品、核心部件对方不仅不给，还会疯狂围剿打压。

其次，国内上下游企业无法提供配套产品、技术或装备。高端化升级所需的软硬技术和装备，国内的供应商和上下游关联企业没有能力提供。不过，这反倒坚定了领头企业自主技术突破的决心，带着上下游的大学院所、研发机构和产业化单位进行技术攻关。

残酷的现实摆在面前，我们必须认清，传统的科技合作、技术联盟、市场换技术等方式都不再奏效，进入高端市场、实现高端化升级只有跟国外对手硬碰硬这一条路，它绕不过去，也很难化解。

面临巨大的科技和产业"卡脖子"压力，中国企业家的斗志和不屈不挠的精神被彻底激发出来了。当你经历过被别人"卡脖子"的滋味，再燃起自主创新之火，就是真火，一股吹不灭、浇不透、越烧越旺的火。

中国企业能突破"卡脖子"封锁实现高端化升级吗？

一定能！

之所以这么自信，源于三个方面的判断。

首先，改革开放40多年的高速发展，让中国企业具备了相当的技术能力、资源基础和管理经验，让中国企业具备了向高端化升级的条件。

其次，中国有一批不怕打压、有梦敢为的优秀企业家，包括央企、国企和民营企业家，莫不如此。他们身上表现出的企业家精神，是在企业遭受围追堵截时创造性地解决问题的最大底气。中国还有一大批优秀科学家和工程师，他们聪明勤奋、富于创造，让企业高端化升级具备了强大的人才红利。

最后，有一批成功突围案例提供参考和经验。自从中国实施创新驱动战略以来，已经有各行各业的领先企业成功突破了国外的"卡脖子"封锁，实现了高端化升级。这样的一批成功企业，不仅为同行业企业提供了精神支持和信心来源，更为其提供了宝贵的经验和实践的教训。本书也正是基于这样一批成功企业进行的理论归纳和提炼。

正是这三个方面，让我们可以更自信地去面对"卡脖子"突破，更自信地实现高端化跃升！

当然，在鼓足信心的同时，更需要理性思考。过去众多企业的高端化升级尝试，虽然留下了很多成功经验，但也有大量失败教训。是否善于从失败走向成功，恰恰是卓越企业家与普通企业家的重要区别。

第一章 | 启航：探寻新时代中国企业高端化升级之路 |

高端化问题：企业高端化升级的三大障碍

中国企业的高端化冲动不是现在才有的，而是过去一直都有的，但真正成功的并不多。为什么？因为一直存在一些障碍，企业要么陷入认知的误区，要么被拖入行动的泥沼。不破除这些障碍，企业高端化升级就只能是水中花、镜中月。笔者认为，当前至少存在以下三大障碍。

障碍一：不具备核心技术和能力，通过"买买买"或商业模式创新、品牌营销包装实现高端化的"短期主义"。

企业家永远都知道高端市场在哪儿，也知道高端产品长什么样，更清楚怎样才能真正实现高端化——那就是拥有硬核技术、打造具有高壁垒的独特竞争优势。但现实中，很多企业并没有选择去攻克核心技术，而是以"买买买"的方式实现升级：买技术、买图纸、买产线、买关键零部件、买配方、买材料；还有的企业通过商业模式创新、品牌运营、"饥饿"营销甚至炒概念等方式，给自己打造出高端化的形象。比如，但凡农产品企业都给自己贴上"绿色化、生态化"的标签，但凡工业企业都说自己是智能制造、绿色低碳，而不管自身的产品是否真正达到应有的技术和性能指标。

为什么企业会选择忽视前端的技术突破，而过分重视后端的商业运营？因为攻克核心技术太难、成本太高、周期太长、风险太大，直接去买或者通过营销包装能立马见效、快速变现，这就是高端化升级的"短期主义"。

拿来主义或营销包装的方式，看似让企业在短期内实现了高端化，却缺乏最核心的自主技术突破能力，导致竞争门槛很低，很快就会被对手模仿。如果企业一直不注重技术诀窍、核心能力的积累，最终就会因为产品性能不达标、质量不合格而被客户抛弃，尤其是当下一代技术升级甚至出现新的技术路线时，势必出现"落后—购买—再落后—再购买"的恶性循环。更重要的是，在当前西方国家持续加码的"科技制裁"与"科技封锁"国际大环境下，以前能买到的技术、装备、材料、数据等再也买不来了，这使得新时代企业高端化升级的内涵与实现路径跟传统高端化有很大区别，必须在创新链上进行自主技术突破、掌握独门绝技。

障碍二：过分强调技术突破，但缺乏商业价值和订单的"唯技术论"。

很多企业一说到高端化，就会说自己的技术有多领先、产品多么高大上，但他们忽视了一个重要问题：技术必须能够变现，才是符合市场需求的好技术，否则只是实验室小伙伴的孤芳自赏或一群技术极客的心头挚爱。作为一家企业，你的新技术、新产品、新工艺能否变现，必须首先想清楚商业闭环的问题，而不是一门心思搞突破，最后发现根本卖不出去。

导致技术领先但没有市场订单的一个重要原因是，企业没有基于技术领先培育出自己独特的竞争优势，只靠单一的技术维度很难带来整体竞争优势。比如，虽然你的技术实现了突破，看上去跟其他高端市场竞争对手的技术处在同一水平线甚至更高，但因为前期投入过高只能定高价，别人定价 10 元，你定价 15 元，那市场必然会选择竞争对手的产品，因为你的产品性价比太低。再比如，你的技术确实领先，但在品控上没做到位，导致和竞争对手相比你的产品质量不稳定、可靠性不强，那同样也会被市场淘汰。

所以，在实现技术突破的前提下，要么是同样的质量但成本更低，要么是同样的成本但质量更好，或者成本和质量一样但交货速度更快，或者成本、质量、交货速度一样，但全生命周期的服务做得更好，这才是能带来订单的差异化竞争优势。只有一种情况，就是当你具备绝对优势，产品的技术、质量、品牌独一无二、遥遥领先时，别人无可替代，那也可以任性。

比如，陕煤集团榆林地区高产高效矿井工作面一直选用美国 JOY 系列或德国 Eickhoff 系列采煤机，该类机型整机及配件价格昂贵、供货周期长、维修困难，像 Eickhoff SL900/1000 牵引块驱动轮两侧轴承在使用中容易损坏，每个工作面至少需更换两次，严重影响生产。为此，必须研制出高可靠性的采煤机国产部件，缩短进口配件采购周期、降低配件采购成本。企业通过测绘、分析、研究和自主创新等，完成了大部分机型、关键零部件的国产化替代工作，大大提高了采煤机的设计和生产能力，产品与国外采煤机的采掘面同为 10 米，但价格比国外低得多。这就是企业给自己打造的竞争优势：同样的质量但我的成本更低。

摒弃技术决定论，让领先的技术变现商业价值，是企业高端化升级的必要条件。

当然，还有另一种对技术突破的误解，即习惯性地认为必须突破创新链前端的基础技术瓶颈才是高端化升级。但事实并非如此。

现实中，大量企业的高端化升级并非卡在技术原理或基础研发环节，往往技术原理搞得很清楚，基础研发环节也突破了，但后续的工程化放大或生产制造装备跟不上，导致高端化升级失败。所以，必须沿着创新链的整条线认识高端化，诸如产品开发、工艺流程、工程化装备产线或保证大规模产品的质量控制、检验检测这些在创新链上处于中后端的生产工艺制造或产品交付环节，反倒会成为企业高端化升级突破的关键技术瓶颈，甚至比前端基础研发环节更难突破。

回头看，国外企业正因深谙此道，所以对我国企业的"卡脖子"不是局限在某个环节，而是全创新链都卡。基于此，企业要扭转的第一个认知便是：实现高端化升级的"杀手锏"分布在创新链的各个环节中，不同行业的市场情况和不同企业的能力不同，必须抓住关键卡点才有可能真正实现高端化升级。

无锡一棉虽然是国内首个研制出国际上最细的 300^S 紧密纺纯棉纱的厂家，但在完成基础研发环节的工作后，特高支棉技术一直停留在实验室阶段，一旦进行大规模量产就会出现各种问题，比如成台细纱机纺制车速低、质量数据较差和用料消耗大等。因此，无锡一棉高端化升级要突破的是创新链上的规模化生产环节，如何在规模化和产业化的同时还能保证质量稳定、成本可控、实现高性价比，恰恰是高端化升级的难点所在。

由此可见，企业在高端化升级过程中，对技术的理解必须是广义而非狭义的，它包括创新链各个环节的广义技术，而不只是前端技术。只有认识到技术突破贯穿创新链上下游的全过程，才有可能真正找到适合本企业的高端化突破点位。但不论怎样，企业都要掌握产品创新链关键环节的核心技术与诀窍，做到"我有而别人没有，别人有但我比他做得更好"，才是硬道理。

障碍三：缺乏让老树开新花、吸引和激活高端资源的有效机制。

第一章 | 启航：探寻新时代中国企业高端化升级之路

企业的高端化升级不仅要重视前端的技术突破和后端的商业实现，还必须配套机制特区，才有可能让高端化真正落地。没有机制特区，就很难实现突破。

企业的高端化升级是一种存量创新，需要企业在现有基础上吸引高端资源，包括客户资源、人才资源、技术资源、金融资源、供应商资源、政府资源、大学院所资源……这么多的资源通过什么方式吸引过来，怎样把内部创新链的关键环节打通实现闭环，怎样把外部产业链的上下游进行协同，对企业来说是个"大考"，机制就是核心。如果沿用传统机制，往往很难实现技术突破和商业闭环。毕竟，很多时候让老树开新花比直接栽一棵新树更难，其中的转换成本、思维惯性、文化刚性等都是巨大阻碍，在央企、国企中这种情况更为常见。

还需要指出的是，创新的深度和广度决定了高端化升级能高到什么程度。按照"升级老产业"或"创造新产业"标准，企业的高端化升级大致可以分为两类（见图1-1）。

第一类是传统产业的高端化升级，企业对已有高端技术和高端产品的追赶升级，达到世界同等先进水平、进入第一方阵，占领高端市场。

第二类是培育新产业的高端化升级，企业另辟蹊径、勇闯无人区，开辟新的技术路线、实现全创新链条突破，进而开发新的产品、创造出一个高端市场、培育出一个新产业。

传统产业的高端化升级	＋	培育新产业的高端化升级
↑		↑
找到创新链上的突破点，对已有高端产品的追赶		瞄准（潜在）高端市场，打造完整创新链，实现全链条突破

图1-1 两类企业高端化升级

不论是哪类高端化升级，都源于对创新链中关键环节的技术突破、形成创新闭环基于独有的"杀手锏"形成差异化竞争优势，通过打造商业闭环实现商业价值变现，否则就很难在产业里立足。

搞清了三大障碍，还有下一个问题，企业究竟怎么实现高端化升级，从哪些角度进行突破？这才是本书要回答的关键核心问题。

高端化破解：基于三链贯通的
定位—选点—突破—落地

中国企业的高端化升级，是一个从低端到高端逐步演进的过程。虽然也有部分企业通过开辟新的技术路线实现了高端化跃升，但多数企业仍以后发追赶型的高端化升级为主，这与国外企业基于科学发现和技术原理突破直接定位于高端市场的路径有所不同。那么，在实践中，企业该如何选择自己的高端化升级路径？我们基于大量案例企业的分析发现，基于高端价值链、技术创新链和产业链的三链贯通形成闭环，是中国企业高端化升级的有效路径（见图1-2）。

三链贯通的基本逻辑是：首先企业基于高端价值链进行高端市场定位，其次通过行业分析发现进入的瓶颈点，进而确定自己的高端化升级策略，再次沿着高端产品的技术创新链寻找关键突破点，通过自主创新解决技术瓶颈，构建核心技术能力，实现产品和业务高端化升级，最后基于产业链打造商业闭环，把高端产品推向市场，获得高附加值回报。

其中，最核心的部分是沿着高端产品的技术创新链寻找合适的突破点，通过自主创新掌握核心技术，形成独特"杀手锏"，走符合自己特色的高端化升级之路。

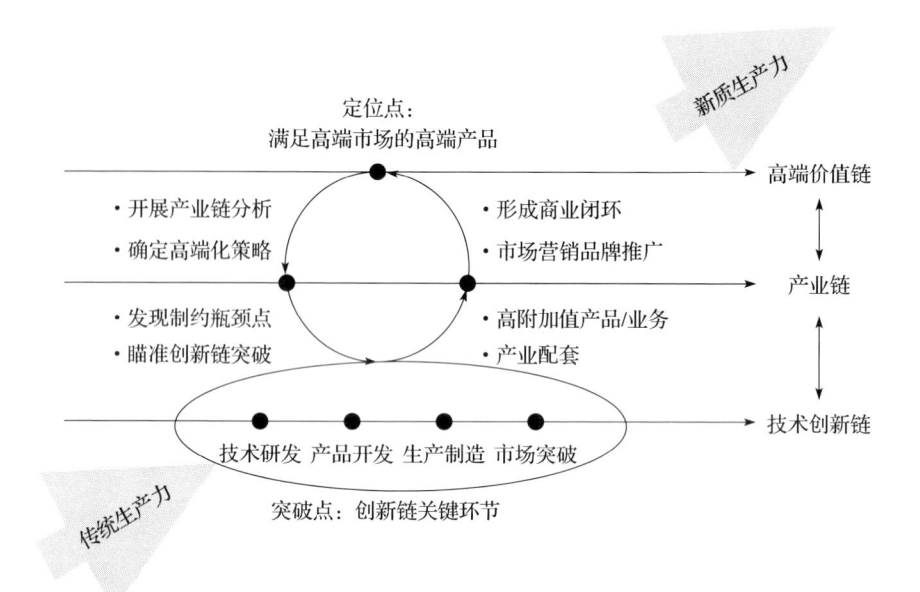

图 1-2　基于三链贯通的企业高端化升级闭环路径

三链贯通在落地时，遵循"定位—选点—突破—落地"的落地步骤。

第一步：在高端价值链上进行"高端定位"。

企业要定位于高端市场，必须找到自己的目标高端市场究竟在哪儿，因此要瞄准高端价值链进行定位，高端产品本身就需要高端价值链的支撑。

所谓高端价值链，是相对低端价值链而言的，行业中高端产品对应的价值链就是高端价值链。一家经营多产品、多业务的企业，可以有多条价值链，既有高端价值链，也有低端价值链。而要进行高端价值链定位，企业就必须有满足高端细分市场和客户需求的高附加值产品，如何能够做到，就要贯通产业链和技术创新链。

第二步：通过产业链分析选择"机会点位"、确定"升级策略"。

在确定要进入的目标高端市场后，企业要通过行业现状分析，搞清楚高端市场的竞争态势、客户需求、产业链状况、技术特点等，发现自身的不足和进入这个高端市场的瓶颈点，进而确定高端化升级的不同策略：是开辟全新技术路线、打造全新产品占领高端市场，还是对现有产品进行升级，通过国产化实现高端市场替代。

其中，很关键的一点是企业要找到高端化的关键突破点，搞清楚提高产品和业务附加价值的环节究竟在哪儿，比如是走一条从 0 到 1 的新技术路线，还是提供新一代的产品，或是解决可制造性和规模化量产来提升产品附加值，这就是"选点"。"选点"的本质是寻找突破的机会点。必须注意，企业要根据自己的实际情况来确定关键突破点，即便同一行业中的不同企业，也可以有不同的高端化突破点。找到突破点后，企业的能力如果达不到，就形成了瓶颈，需要突破。

第三步：在技术创新链上"突破瓶颈"。

在找到关键突破点后，企业要沿着技术创新链的关键环节进行自主创新，突破升级瓶颈点，打通创新链、掌握核心技术，这是高端化升级最核心的部分。很多企业避开技术创新突破去解决问题，最终又不得不回到原点。所以，企业的高端化升级是基于技术突破的高端化升级。

通过案例总结我们发现，中国企业在一条完整的创新链上可以选择以下几个关键环节加以突破。

一是产品研发环节。

这是指企业通过发现新技术原理、开辟新技术路线、研发新产品等方式突破前端研发瓶颈，创造出全新产品，或显著提升原有产品技术性能指标：

吉利远程在传统电动能源技术路线外，采用了一条全新的醇氢能源技术路线，在新能源商用车赛道上杀出一条血路；

河北钢铁提出用氢冶金的方式替代传统碳冶金，开辟了全新的绿色冶金技术路线；

青岛赛轮通过产品研发设计突破性能瓶颈，生产出"液体黄金"绿色轮胎，大幅提升产品性能。

二是生产制造环节。

这是指企业在生产制造环节中，通过升级工艺流程、开发新的生产装备、设计新的产线、使用新的生产工具或自行研发软件等方式，突破高端化产品工程化落地和大规模稳定可靠生产的瓶颈：

无锡一棉针对高档特高支纱的工艺和关键设备、关键器材、产线瓶颈进行了自主创新，实现高质量稳定生产；

中复神鹰针对世界最先进的干喷湿纺技术的工艺、装备和产线瓶颈进行研发突破，实现单线产能从百吨到千吨的规模化量产；

三环锻造针对传统锻造工艺离散式生产难以小批量生产、质量不稳、能耗过高的瓶颈进行全流程整合研发，实现工艺流程再造，成功俘获高端客户。

三是市场突破环节。

这是指企业针对传统商业模式的瓶颈和不足，通过引入新的业务模式、打造新的商业模式、培育新的产销生态突破市场壁垒、绑定高端客户、实现高端产品销售和推广，其核心是实现商业闭环：

智新迁安针对高端客户的特点，形成基于定制化与全球化的互补式营销创新，实现了高端客户深度绑定；

吉利远程针对新能源商用车传统销售模式的瓶颈，一开始即打造从制氢到造车再到卡车使用的全新商联网，形成涵盖全产业链的新商业模式；

徐工集团从提供产品到提供高附加值的数字孪生智能服务，实现服务型制造的全新业务模式突破。

四是数字技术应用环节。

这是指企业引入数字技术进行赋能、实现对关键瓶颈环节的突破，提升高端化升级的效率、精度和质量。这些关键环节涵盖全创新链，包括前端的产品研发环节，中端的规模化生产制造、工程装备、工艺流程、检测检验、质量控制等环节，以及后端的订单交付、销售网络、渠道建设等环节。

南京玻璃纤维研究设计院在玻璃纤维材料研发中引入"材料基因"大数据技术，大幅提升了研发效率，突破了研发瓶颈。企业高端化升级可选的创新链关键突破环节如图1-3所示。

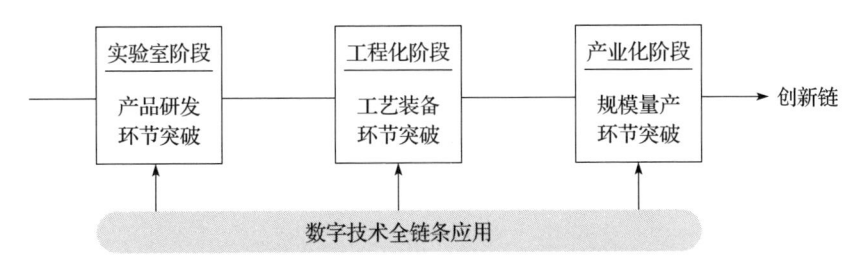

图1-3 企业高端化升级可选的创新链关键突破环节

第四步：在产业链上"实施落地"。

基于关键环节的技术突破，企业形成了自己独有的差异化竞争优势，并通过产业链上下游的配套形成商业闭环，推出高端化产品或服务。这其中有两个点必须注意。一是要形成自己的独特的竞争优势，比如在技术性能上或产品质量上有优势，或在成本和交付效率上有优势，从而在高端市场中站得住脚。二是要形成商业闭环，拿到高端市场的订单，直到此时，高端化升级才算真正落地。

第二章

高端市场定位是勇气、认知与能力的完美融合

——企业的高端市场定位,必须基于自主技术突破

企业高端化升级的第一步，是进行市场定位，也就是明确自己要进入的目标高端市场在哪儿。必须指出，定位于高端市场的前提，绝不是"就市场论市场"，而是从技术的角度出发，用企业自身技术的力量去定位高端市场，这是高端市场定位最独特的地方。企业要进入的高端市场包括两类：一类是已有成熟的高端市场，企业必须突破技术瓶颈才可能挤进去；另一类是潜在的蓝海市场，企业要创造一个全新市场、打造完整的创新链才能进入。

改革开放40多年的发展让中国企业积累了足够多的资源底气和一定的技术能力，具备了通过技术突破瞄准高端市场的基本条件。但是，企业究竟如何基于技术突破来定位高端市场，如何在现有的资源和能力基础上进行恰当的市场分析，需要落地方法。本章基于大量中国企业的创新实践，首先提出企业高端市场定位的"三步法"，再通过案例讲述高端市场定位的路径。

所有企业的高端市场定位都逃不过下面四条路径。

路径一：通过国产替代占领高端市场，如无锡一棉、首钢吉泰安、太原钢铁等。

路径二：勇闯技术无人区创造全新高端市场，如河钢集团、吉利远程、视科新材等。

路径三：通过业务或技术延伸进入高端市场，如赣锋锂业、中国建材、中国飞机强度所。

路径四：满足国家战略需求的高端市场定位，如中国电科41所、中国重燃集团等。

第二章 | 高端市场定位是勇气、认知与能力的完美融合 |

企业高端市场定位的"三步法"

通俗来讲,高端市场就是能给企业带来高产品附加值的细分市场,其技术含量高、进入壁垒大、品牌溢价强。这一市场中的玩家在行业中永远是"少数派",它们占据着整个行业价值创造的大头。也正因为客户少、量级大,企业必须在这些高端客户身上做专、做精、做深,要么为其提供独特的差异化价值,要么把成本做到最低,走成本领先路线。

要想做到精准定位而不跑偏,必须遵循一定的方法论。基于对案例企业进行调研并总结其成功经验,笔者提炼出企业高端市场定位的"三步法"(见图2-1)。

第一步:行业跟踪分析,锁定可能的目标市场。

企业通过跟踪、扫描和搜索行业动态,发现行业中有哪些高端市场,洞悉高端市场客户需求,搞清楚每个高端市场的在位者和竞争对手、用户群规模等基本情况。随后,初步锁定可能的目标高端市场,判断其未来前景、发展规模,以及本企业升级的潜在价值大小。

企业可以瞄准的高端市场有很多,大致可以细分为四类。

第一类:被国外企业占领的国内高端市场,也就是进行"国产替代"。

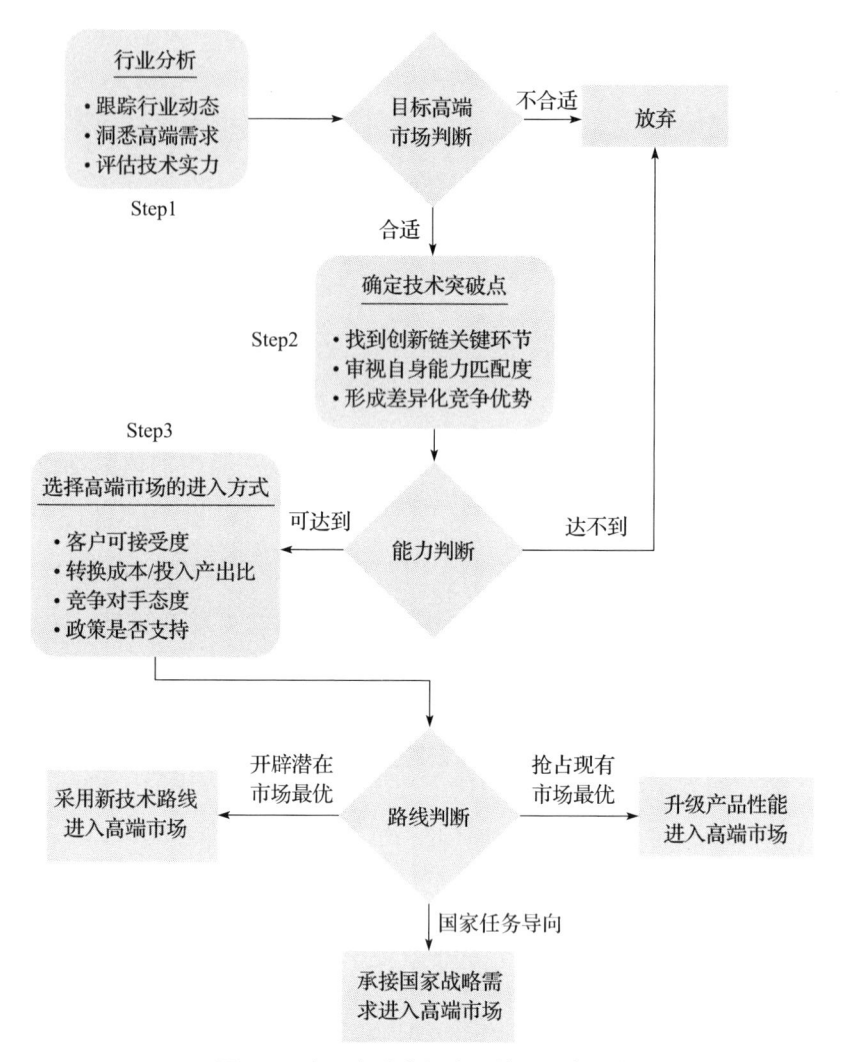

图 2-1　企业高端市场定位的"三步法"

第二类：被国内企业占领的国内高端市场，也就是开展"国内竞争"。

第三类：尚不存在的潜在的全新高端市场，也就是"开辟新市场"。

第四类：国家战略需求引致的高端市场，也就是"承担国家任务"。

每类高端市场的特点不同，进入难度也不相同。其中，"国产替代"和"国内竞争"这两类都是进入已有成熟市场，占领别人的地盘，竞争激烈程度可想而知；第三类"开辟新市场"则是另辟蹊径，通过新的技术原理或全新技术路线独造蓝海，这对企业以技术为核心的综合要求非常高；至于第四类"承担国家任务"则涉及保障国家战略安全（如国防安全、信息安全、经济安全、产业安全），有较高的进入壁垒，企业需要具备深厚的技术、产业积累和使命感，通常是细分领域的领军企业。

在这一步，企业如果挖掘不出潜在市场，找不到合适的高端市场，就应该果断放弃，或暂时搁置伺机而动。

第二步：确定技术突破点，审视自身能力匹配度。

在锁定可能的目标高端市场后，企业要对照自身找到问题，找到进入高端市场的技术瓶颈点，这是高端市场定位的重要一步。如果没有突破创新链的技术瓶颈，就很难拿到进入高端市场的门票，"没有金刚钻，揽不了瓷器活"。企业要判断：是技术路线的问题，还是产品设计开发的瓶颈，是工程化、生产工艺、原材料或数据的限制，还是生产装备、产线设计、工业软件的问题，抑或是商业模式的制约。

在判断出技术瓶颈点后，企业要审视自身能力与技术突破间的匹配度，判断自身的资源、模式能否支撑企业的高端化升级，确定企业通过努力就能"够得着"技术突破的目标，并一定要让企业在高端市场中形成自己独有的差异化竞争优势，比如领先的质量优势、低成本优势或交货速度优势等。

第三步：综合判断，选择进入高端市场的最优方式。

企业进入高端市场的方式通常有两种，第一种是抢占已有高端市场，即通过技术突破、产品性能升级、新业务延伸实现对市场在位者的竞争性替代；第二种是创造全新的高端市场，即通过全新技术路线和产品创新"造"出新的市场需求，形成蓝海高端市场。当然，还有一类特殊的高端市场，即国家需求（如国家战略安全、军事国防需求等）衍生出的高端市场，企业通过承接这类需求也可以进入高端市场。

企业在选择进入高端市场的方式时要综合权衡，重点考虑四个因素：

一是客户可接受度，也就是客户买不买单。比如企业选择全新的技术路线，可能会因为技术过度先进导致客户不买单，技术优势反而成了市场劣势，在原有的技术路线上提升产品性有可能是最优策略。

二是竞争对手态度，也就是进入高端市场后竞争对手可能会有的反应和采取的策略。比如竞争对手采取极端手段逼迫新进入者退出时，企业是否准备好了相应的对策、能否抵抗得住对手的狠招。

三是转换成本，如果企业高端化升级的转换成本过高，或旧技术路线的锁定效应过强，就会影响企业对进入高端市场方式的决策。比如，吉利汽车过去一直聚焦在乘用车领域，没有做过商用车，沉没成本和转换成本较低，因此在研发远程商用车时就敢于采用新的甲醇技术路线进入高端市场。

四是政策红利，高端化升级要考虑是否符合政策等宏观背景，是否有红利。如果政府鼓励采用新技术路线而不是传统产品的升级，那么选择新技术路线进入高端市场就能享受到相应的政策红利。

在综合权衡这四个因素后，企业就要做出判断，具体有三种情形。

情形1：如果企业判断出开辟新的技术路线是最优方案，那么可以考虑采用新技术路线进入高端市场。

情形2：如果企业判断出抢占竞争对手的现有市场份额是最优方案，则可以考虑通过技术瓶颈突破、产品性能升级、新业务延伸进入高端市场。

情形3：如果企业具备承接国家战略需求任务的契机与能力，则可以考虑通过承接国家任务进入高端市场。

策略一：国产替代占领高端市场

国产替代占领高端市场是指企业通过对创新链上关键环节的技术追赶和突破，达到甚至超过国外同类高端产品的性能，从而抢占原来由国外竞争对手占领的高端市场份额的一种策略。这种做法是当前国内企业实现高端化升级最常见的市场定位策略，不仅可以降低对进口的依赖，还有助于保障产业安全。下面通过几个实例，来看看国内企业是如何迈过中低端的传统路径依赖，有勇有谋地定位于高端市场，实现国产替代的。

【无锡一棉：从粗中支纱向特高支纱进军】

众所周知，中国一直是纺织大国，但一直不是纺织强国，原因就是长期在中低端市场徘徊，导致同质化竞争激烈、产业集中度低。自2001年中国加入WTO后，中国纺织业生产规模虽然达到国际纺织业的一半、吸纳了大量就业人员，但由于装备自动化、智能化程度低，"人海战术"的劳动强度很大，但人均产值低、产品档次低，一大批纺织企业因难以维系而被迫关停。

无锡一棉成立于1919年，是一家有105年历史的老牌企业。无锡一棉规模不大，却是全球高档纺织品领域的单打冠军，2022年实现营收22亿元、利润1.19亿元。无锡一棉具备年产高档纱线40000吨、高档织物5000万米的规模，产品出口全球纺织高端市场，自主品牌"TALAK"在欧洲、亚洲和美洲共55个国家和地区注册，与国际一线服装品牌如BURBERRY等牵手对接，特高支纱市场占有率全球第一。

然而，一开始无锡一棉连高端市场的门槛都摸不到，原因很简单，它定位在中低端的粗中支纱市场。在纺织行业中，尤其是在国际棉纱线市场上，有两种档次的棉纱线：粗中支纱和高支纱。其中粗中支纱由于门槛低、竞争非常激烈、利润率低；高支纱和特高支纱由于技术含量高、利润率高，代表着行业的高端市场，但技术壁垒很高。棉纱的英支支数越高就表示该纱越细，要求棉的质量就越好，价格就越贵。

如何进入纺织业的高端市场？无锡一棉通过以下三步成功解锁。

第一步：通过全球市场考察和行业前沿跟踪，无锡一棉瞄准了特高支纱市场。公司领导敏锐地发现，用特高支纱线做成的纺织品，具有轻薄飘逸、典雅高贵和穿着舒适的感觉，欧美顶级奢侈品对其已有需求，同时随着国内人民生活水平的提高和对高品质生活的追求，天然生态的高档特高支纱市场也在逐步打开，前景广阔。

无锡一棉认为，必须研发高档次、高质量的纱布产品，开发高支纱甚至是特高支纱技术，实现产品的升级换代，推动高档次产品的品牌建设，才能有效抵御各种风险和不利因素，促进企业高质量发展。此时正是进入特高支纱市场的最佳时机，势在必行。

第二步：无锡一棉针对特高支纱线开展了前期研发，并在实验室中取得了积极进展。无锡一棉在国内厂商中率先纺出国际上最细的

300^S 紧密纺纯棉纱，然而当其投入大规模生产时，就会遇到一系列工程化的问题，比如成台细纱机纺制车速低、质量数据较差和用料消耗大等，导致在特高支纱规模化、产业化方面还有较大差距。

经过研究发现，这些问题共同指向缺乏能支撑特高支纱线稳定可靠生产，并且能保证产品高质量要求的生产装备，高端化升级卡在了生产环节。传统的中低端纱线生产装备自动化、智能化程度低，导致工人劳动强度较高，不适应青壮年劳动力越来越少的状况，装备急需数字化、网络化和智能化改造升级。有了上述认知，无锡一棉便将创新链中的规模化生产装备研发环节升级作为进入高端市场的瓶颈点加以突破。

第三步：无锡一棉有着深厚的行业基础，对行业技术有长期的跟踪，创新人才实力较为雄厚，转换成本也相对较低。此外，全球纺织行业高端市场一直处于充分竞争态势，这也给了无锡一棉与国外对手同台竞争的机会。

综合上述考虑，无锡一棉确定了面向全方位数智赋能高端产品研产销管理的思路，以"高度专注、高端立足、打造高档纱布生产基地，做全球高支纱布领跑者"作为奋斗目标，吹响了进军特高支纱高端市场的号角。

看过了传统纺织行业的案例，再来看另一个材料领域企业的高端化市场定位案例——首钢吉泰安案例。

【首钢吉泰安：勇把国外师傅拉下马的高端电热合金定位】

首钢吉泰安的前身是北京首钢钢丝厂，是我国最早的电热合金材料研发生产销售企业。2008年首钢吉泰安成为首钢的首批改制企业，注册资本金2600万元，其中首钢集团占股35%，其余为职工股。改制在给企业带来了挑战的同时也激发出巨大活力，促使企业向高端化升级。截至2022年年底，公司总资产3.7亿元，年营收3亿元，员工241人，人均营收达124.5万元，钢花牌电热合金享誉全球，成为"小而美"企业的代表。

首钢吉泰安当年进军电热合金高端市场的决策既受到欧美高端产品"卡脖子"技术的影响，也有企业自身实现高质量发展的迫切需要。

首先，我国电热合金产业化较瑞典、美国、日本等发达国家晚了近30年。虽然经过60年发展，我国在白色家电、工业热处理炉等领域实现了电热合金国产化，但产品质量水平不高，使用温度低、寿命短，尤其是芯片制造所需的1300℃以上温度区间用电热合金，以及玻璃制造、陶瓷烧结、有色金属熔炼、热镀锌、冬季供暖等领域所需的高性能电热合金等主要依赖进口。随着国际贸易摩擦加剧，欧美等国家对我国芯片等高端产品及技术进行限制，为化解行业发展风险，保障产业链安全，国内客户要求首钢吉泰安开发高性能电热合金的呼声越来越高。首钢吉泰安意识到，必须研制能替代进口的电热合金材料并实现高质量的产业化。

其次，经历企业搬迁的首钢吉泰安职工，需要公司快速实现价值提升来增强自信心。首钢吉泰安改制后虽然一直保持经济效益增长，但面临"长不快、长不大"的问题。从长远发展的角度看，替代进口材料是大势所趋，未来与国外企业间的竞争将是高端品牌间的竞争。为此，公司领导认为，研发高性能电热合金，满足芯片制造等领域的国产化要求，提升品牌附加值，势在必行。

综合上述考虑，首钢吉泰安确定了优化产品结构，通过研发高附加值产品并实现高质量产业化、达到高端化升级的总体目标。为此，首钢吉泰安打出了一系列组合拳进行精准的高端市场定位。

第一步：透彻研究高端市场、精准识别客户需求。

为了解第一手的客户需求，公司坚持让骨干技术人员定期走进客户技术开发部门和生产车间现场，同时邀请客户技术团队开展技术交流，找准细分领域客户需求。技术人员将客户需求整理后，形成用户需求资源池，并细分成内部若干个具体课题，为技术发展方向和定位提供支撑。2020年以来，首钢吉泰安先后走访了47家公司，厘清了下游客户需求主要聚焦三大类高端产品，发现相关产品所需材料国内均不能满足需求，而这三类产品均与首钢吉泰安的产线能力及公司现有产品发展方向高度匹配。客户聚焦的高端产品需求分类如表2-1所示。

表2-1 客户聚焦的高端产品需求分类

序号	三大类产品	客户需求	用途描述	供应商
1	高端热处理装备用高性能铁铬铝合金	更高温度（1300℃以上）、更长寿命、更大单重、更高功率稳定性	芯片制造、光伏电池、汽车玻璃等领域	瑞典康太尔A-1、APM合金
2	环保减排领域需要高性能纤维多孔材料	更高纯净化、更高均一化、更高温耐腐蚀化	窑炉燃烧器、高温除尘器、柴油发动机碳颗粒捕捉器等领域	瑞典、德国和日本的进口材料
3	白色家电等民用电器领域用的高性能电热合金	高功率密度、低蠕变、高抗氧化寿命	干衣器、热流道等领域	进口材料

资料来源：首钢吉泰安公司提供（2023）。

第二步：对标国际一流，锁定细分领域高端新产品开发的主攻方向。

第二章 | 高端市场定位是勇气、认知与能力的完美融合

在深入了解客户需求后，首钢吉泰安通过国际对标、客户验证等一系列办法，确定产品开发主攻方向。首钢吉泰安全面对标国际一流电热合金材料企业瑞典康太尔公司（也就是自己当年的国外"师傅"），通过解析发现其产品拥有更高温度下的高抗氧化性能、更好的高温下抗蠕变性能、更稳定的电阻特性及更优秀的电热元件加工性能。基于对标分析，首钢吉泰安于2020年组建了市场技术调研小组、材料解析小组和验证试验小组，通过技术人员客户走访、同行材料深度解析研究和客户验证对比试验三种方式，结合首钢吉泰安现有技术、生产及品控能力，对客户提出的产品特性需求逐一展开并转化为产品质量要素，明确了高端产品的主攻方向分别对标康太尔公司的四类产品，由此对应开发首钢吉泰安的四个产品谱系。

第三步：确定创新链上的研制突破重点。

在确定了高端新产品主攻方向后，首钢吉泰安开始寻找关键环节的突破重点。首钢吉泰安发现，与发达国家先研究机理，再研究产业化的发展路径不同，我国电热合金前期主要以试制产品满足市场需要为主，对电热合金高温下的工作机理、材料设计和制造技术原理研究不足。当产品向高端升级时，这种经验积累型的技术储备就暴露出基础研究的短板，导致一些重要的新品种开发和产业化遇到瓶颈。

为解决基础研究短板问题，首钢吉泰安通过与北京科技大学、安泰科技等大学科研院所合作，将产品开发的机理难题拆成若干个子课题，构建模块化研发体系，先后解决了铁铬铝合金冶炼过程中的稀土回收率提升、合金纯净化冶炼等重要基础性理论认知问题，补齐了国内铁铬铝合金机理研究的短板。

在解决了理论认识问题后，首钢吉泰安组织科技人员结合企业实

际实施转化落地，解决产品转化和产业化过程中面临的生产难题，同时整合外部上下游厂家资源进行联合攻关，大幅缩短了新产品研发、试制及产业化周期。

通过上述步骤，首钢吉泰安确定了进入高端市场的产品系列和关键环节技术攻克难点，成功进行了精准的高端市场定位。

当然，首钢吉泰安的电热合金材料看上去离我们有些远，下面一个案例则与每个人都有关。曾几何时，一则关于我国无法生产圆珠笔头的新闻引起热议，中国有约3000家制笔企业、20多万名从业人员，但每年生产的三四百亿支圆珠笔笔尖上的球座体全部依赖进口，没有一支用的是"中国笔尖"。

众人不解：中国这样一个制造大国，是不想制造还是真的造不出来？

其实，小小的圆珠笔头蕴含着很高的技术壁垒。德国、日本、瑞士的企业在20世纪对圆珠笔头进行了深度研究，最终研发出一种特种钢，就是所谓的笔尖钢，它能保证球珠在体积极小的情况下仍能被精准雕琢。笔尖钢打造的球珠，最顶端位置的厚度仅有0.3～0.4毫米，表面误差最多不能超过0.4微米，为了保证书写时的流畅度及使用寿命，小球珠旁边还要刻下五道引导墨水的沟槽，加工精度要控制在1‰毫米左右，否则球珠要么无法嵌入球座体，要么漏墨。当时我国的炼钢水平还达不到这个要求，想要做圆珠笔就必须从其他国家手里买笔尖钢，这就形成了行业垄断。

时势造英雄。太原钢铁在2016年集中力量攻关，成功研发出了能够制作笔头的笔尖钢，并且单独开了一条生产线，生产出了质量能够与外国笔尖钢相媲美的钢材。事实上，这恰恰是太原钢铁高端化市场定位的一个缩影。

第二章 | 高端市场定位是勇气、认知与能力的完美融合

【太原钢铁：高、精、特、尖的差异化高端市场定位】

太原钢铁的领导清醒地认识到，我国钢铁产量虽然占全球50%以上，但技术含量较高、工艺复杂的产品（如笔尖钢、超薄超宽薄带、高等级不锈钢等）完全依赖进口，核心技术被少数国家封锁和垄断，价格昂贵。与此同时，我国钢铁行业又面临产能过剩、低端产品同质化竞争严重的情况。近年来，以美国为首的西方资本主义国家推行贸易保护主义，使这一问题更加突出。从长远来看，国内钢铁企业必须通过技术创新生产出合格的产品替代进口，这也坚定了太原钢铁定位高端市场、走高端化升级的决心。

首先，明确差异化的高端产品竞争战略。

太原钢铁发现，顾客高端化、个性化、差异化的消费特征越来越明显，而中美贸易摩擦的加剧和贸易保护主义的抬头，使顾客对高端产品及替代进口产品的需求越来越强烈。基于以上分析，太原钢铁瞄准高端市场及不锈钢产品进口替代市场，以研发高端特钢精品和新型材料为突破口，在高端需求市场即航天航空、核电、石化、船箱、电力等重点领域，实施高端产品差异化战略，实现"人无我有，人有我优，人优我特"目标。

其次，走访客户，摸透进口替代和高端产品需求。

为确保研制开发的高端产品能解决用户痛点，太原钢铁在营销部门成立了8个行业办公室，深入航天、船舶、电子、军工等行业，摸清客户对进口产品和高端产品的功能期望、技术指标、使用特性、技术服务等情况。通过调研分析，太原钢铁发现了大量高端市场和替代进口需求。以比较热门的"手撕钢"为例，该产品的厚度相当于普通

A4打印纸厚度的1/4,轻轻一撕就能撕开。由于工艺控制难度大,该产品曾长期被日本、德国垄断。我国在航天、电子等领域都使用该产品,不仅要承受高昂的价格,而且在供货周期等方面长期受到国外厂商的制约,客户对产品的国产化替代需求强烈。

最后,确定重点研发的高端产品品种。

摸清用户需求后,太原钢铁结合自身产品的特点(包含板、带、线、棒、管、精带等系列),考虑现有的资源条件,最终确定了要重点研发的高端产品品种:

不锈钢板领域,重点研发核电AP1000堆内构件用超厚规格不锈钢板材,核电用高强度不锈钢复合板;船舶用双相不锈钢、耐蚀高等级不锈钢;

精密带钢领域,重点研制开发宽幅超薄不锈钢精密带钢,即"手撕钢",替代日本进口,降低客户成本;

不锈钢棒材领域,开发双相不锈钢钢筋,用于港珠澳大桥等高等级桥梁领域;

不锈钢线材领域,研制开发笔尖钢,解决进口替代问题;

不锈钢管材领域,研发电力用超高压不锈钢无缝钢管;

瞄准高端手机需求,定向开发手机用边框不锈钢、超薄不锈钢等;

瞄准航天和军工需要,开发高等级碳纤维材料,改变高等级碳纤维受制于外国企业的局面。

基于上述步骤,太原钢铁完成了高、精、特、尖的差异化市场定位,确立了通过材料的首创和首发及进口替代占领高端市场的升级路径。

除了无锡一棉、首钢吉泰安、太原钢铁外,还有其他许多通过国产替代实现高端化升级的企业，如专注于玻璃纤维材料的中复神鹰、志在攻克重型燃气轮机的中国重燃集团等，限于篇幅不再列举。这些企业有一个共性特点，就是在锁定高端市场的同时，就在进行创新链上关键环节技术突破的研究，判断究竟是哪个或哪些关键环节需要进行技术突破。因此，高端化升级与创新链关键环节的技术突破紧密关联。然而，有的企业面临的不是突破关键创新链环节的问题，而是找到新的技术路线打造一条完整的创新链，创造全新的高端市场，这需要勇闯无人区的强大决心和能力，一起来看下节内容。

策略二：勇闯技术无人区创造高端市场

所谓"勇闯技术无人区创造高端市场"，是指企业不遵循原有技术路径或产品开发路线，而是通过提出新的技术原理、开辟新的技术路线，直接研制出高端新产品、定位于高端市场的一种策略。这种策略背后是大胆地尝试和错位竞争，一旦成功就会在竞争中取得极强的先发优势和超额利润。如果要用一个词来形容，那就是"不走寻常路"。之所以会采用这种策略，背后的原因多种多样。比如，企业通过前期市场调研和可行性分析发现，按照原有技术路线突破现有产品技术瓶颈的成本太高、自身能力较弱，反倒是通过一条全新技术路线有可能成功，即便失败，沉没成本也不会太高。

下面通过几个实例，来看看中国企业是如何勇闯技术无人区，进而走出一条让全世界侧目的不同寻常的高端市场定位之路的。

【河钢集团：以"氢"替"碳"的绿色高端化定位】

河钢集团总部位于河北省石家庄市，是中国第一大家电用钢、第二大汽车用钢供应商，世界第二大钒钛材料制造商。截至2022年年底，河钢集团资产总额5396亿元，营业收入4007亿元，经营网络遍布全球110多个国家和地区。河钢集团是世界钢铁协会执行委员会成员单位、中国钢铁工业协会轮值会长单位，2022年河钢集团居世界企业500强第189位，品牌价值高达1435.86亿元，位居钢铁行业第二。

在绿色低碳发展刚性要求和企业高质量发展的背景下，河钢集团走出了一条用氢冶金技术替代传统碳冶金的全新路径，成功定位于钢铁绿色冶炼高端市场，引领了全球钢铁行业绿色发展趋势。河钢集团是如何做到的？一起来看看它的思路与策略。

首先，河钢集团意识到进行产业技术变革、从根本上摆脱化石能源的极端重要性。

河钢集团有一个特殊身份，它是世界钢铁协会执行委员会单位，对全球钢铁低碳发展和绿色竞争新形势有着清晰的认知。河钢集团通过对钢铁行业能耗占比的研究发现，全球钢铁行业能源消耗占全球能源总消耗的8%，碳排放量占全球碳排放总量的7%，是全球碳排放重要工业领域之一。虽然中国钢铁在节能、减污、降碳方面已取得突出成果，但以"高炉—转炉"为主的流程结构仍占主导地位，以化石能源为主的能源结构仍未发生根本性转变。要想从根本上摆脱对化石能源的绝对依赖，就必须进行工艺流程变革、用能结构优化，研发全生命周期绿色低碳材料。正是有了这样清晰而超前的认知，河钢集团才敢于确立新的技术路线、定位在绿色高端市场。

其次，确立以"氢"替"碳"的工艺与工程技术新路线。

河钢集团通过前期行业跟踪与研判，认为氢能作为一种来源丰富、绿色低碳、应用广泛的二次能源，正逐步成为全球能源转型发展的重要载体之一。钢铁行业无论是能源结构创新还是工艺结构创新，氢能应用都是实现低碳甚至"零碳"排放的最佳途径。以"氢"代替"碳"是实现钢铁工业流程变革、绿色转型的重要方向。河钢集团通过行业工艺技术分析认定，氢冶金是未来实现近零碳冶炼的重要路径，必须突破钢铁领域传统理论的约束，创新传统冶炼模式，将其与电弧炉工艺配合，实现近零碳排放钢铁产品生产。

最后，找到创新链关键环节的技术突破点。河钢集团经过研究发现，尽管发展直接还原铁—电炉流程是有效降低钢铁碳排放强度的路径，但还原气体资源（如天然气、氢气）缺乏和较高的成本一直是难以解决问题的限制因素。这是河钢集团氢冶金在整个创新链上必须突破的关键技术难点。基于该考虑，河钢集团与技术、工程、高校合作伙伴一道，率先探索使用中国丰富的富氢焦炉煤气资源，建设全球首例基于富氢气体（焦炉煤气）零重整直接还原工艺的氢冶金示范工程，以此作为进入绿色高端市场的基石。

河钢集团的案例是绿色低碳倒逼导致采用新技术路线进入绿色高端市场。下面的案例也与能源有关，这就是吉利远程的新能源商用车。虽然都是新能源车，但吉利远程在传统电动技术路线外，又开辟了一条基于醇氢的全新技术路线，通过打造全产业链生态进入了商用车的高端市场。人们最关注也最好奇的，就是它为什么要选择醇氢技术路线，下面一起来看看吉利远程的决策过程。

【吉利远程：基于醇氢技术路线定位高端商用车市场】

吉利远程创立于2014年，总部位于杭州，是世界500强企业吉利控股集团的全资子公司，是中国首个聚焦新能源商用车的汽车集团。

吉利汽车给外界的印象一直是深耕乘用车行业，并未涉足商用车。2014年8月，吉利商用车项目组正式成立，标志着吉利在进入

第二章 | 高端市场定位是勇气、认知与能力的完美融合

汽车行业17年后正式迈入商用车领域。然而，究竟如何进行市场定位，成为摆在公司领导面前的一道难题。原因并不复杂，彼时传统的商用车行业经过长期发展，市场格局已基本成型，吉利远程作为行业新军，在传统商用车行业竞争中显然不具有优势，开辟商用车新赛道可能是出奇制胜的一招。

为此，吉利远程深入分析、权衡利弊，毅然选择新能源商用车行业"换道超车"发展模式，致力于打造"商用车中的新势力，新势力中的商用车"。吉利远程做出这样的市场定位决策并不是一件容易的事，一起来看看中间经历了什么。

首先，吉利远程对商用车行业能源发展趋势的研究表明，必须向新能源过渡。中国能源富煤、贫油、少气，对外依存度高，是全球最大的石油和天然气进口国。交通运输领域石油消耗总量占比超过70%，商用车能耗量又占交通运输领域总能耗的51%。传统化石能源的不可再生性，以及全球能源危机日益严重，都对国家能源安全形成挑战。吉利远程发现，国家政策鼓励新能源汽车发展，乘用车新能源化率先启动，商用车行业则是客车先行，并从2014年起逐步向轻型物流车发展。基于对国家政策和全球能源革命、能源安全的分析预判，以及对各主流商用车企的全价值链资源比较，吉利远程进一步坚定新能源商用车行业必须走"换道超车"的发展思路。

其次，吉利远程确立新能源商用车需要开辟新的技术路线。吉利远程认为，汽车新能源化除了走电动路线之外，还可以走氢能、复合燃料等新能源方式，这同样是国家政策重点鼓励的方向。于是，吉利远程采取了"两条腿"走路的策略：一方面选择行业相对成熟的电动路线；另一方面全新开发甲醇动力系统，探寻甲醇能源利用，尝试找到一条突破传统能源的创新技术路线。

事实上，吉利远程敢做这样的选择还有两个重要原因。一个原因是它没有任何历史负担，转换成本很低。当然，它也没有太多成功经验，不存在路径依赖或技术锁定等问题。另一个原因是吉利远程的中央研究院已经在乘用车领域积累了丰富的经验，依托其中央研究院的能力、资源和知识库，吉利远程能少走很多弯路，这种正向的企业内部溢出对高端新产品研发颇有价值。

所以，吉利远程在没有历史负担也没有太多成功经验的情况下，大胆又理性试错，一开始就确立了"电动＋醇氢"两大核心技术路线，进行全价值链创新而非单个环节的突破，推动商用车高端产品的研发和规模化生产。

不得不说，吉利远程确立电动和醇氢两条技术路线实现高端市场定位的做法颇有创意，既可以看作是"备份管理"，也可以认为是企业的"内部赛马"机制。这种做法看似在同一件事上花了双倍甚至更多倍的钱，但它实际上提升了成功率，没有把"宝"压在一件事上，东方不亮西方亮，甚至有可能东西方都亮。即便都不成功，也知道了两条技术路线的问题所在，这也是巨大的收获。

与吉利远程的策略相似，位于江苏的一家眼镜行业龙头企业，刻意规避与竞争对手的同道竞争，寻求新的技术研发路径，形成一种错位竞争的高端市场定位，它就是视科新材。

【视科新材：新技术研发路线的错位竞争】

配过眼镜的人都知道，我们平常戴的眼镜，其高端材料一直被国外企业控制和垄断，那些国外品牌的价格动辄是国内品牌价格的数倍，国外企业对视光材料形成了上游的高端垄断。所谓视光材料，是指用于光学领域，尤其是用于眼镜镜片领域的材料。发达国家虽然已经退出了视光材料某些生产制造环节，但在上游高端视光材料研发方面形成了市场垄断，国内眼镜制造企业长期受外资企业控制，产业链的关键环节及控制权缺失。

如何打破这种垄断，正是高端化升级要做的事。视科新材是我国眼镜行业具有自主品牌的高科技企业，其主导产品为视光防护材料，产品涵盖防蓝光单体、变色树脂单体和镜片三大系列35个品种，是国内防蓝光单体材料龙头企业、全球最大的太空PC镜片制造企业。

视科新材的高端市场定位，直接从价值链高端环节入手，通过全力培植产品设计能力抢占产业制高点。其独特之处在于，视科新材在产品设计环节采用了"非对称"思路，规避了与国外对手在成熟技术路线上的竞争，另辟蹊径实现技术赶超甚至引领。为了达到这样的战略目标，视科新材先是调整了市场战略，随后又调整了技术创新战略。

首先，加大顾客与市场战略调整。

要进入高端市场，就要突破传统眼镜客户的市场定位，把那些看得见和看不见的高端眼镜客户都挖个透。为此，视科新材做了两方面的市场重新定位。一是深度挖掘医疗防护市场。公司结合视光和眼科的大健康医疗趋势，加大客户数据收集与体验，在现有产品客户业务保量增长的同时，开拓医疗光防护眼镜细分市场，加大医疗防护市场的开发与营销服务升级。二是帮助客户清晰表达需求。视科新材的理念从原来关注产品转变为关注客户，尤其是把客户已经感知到、但还没有完全表达清楚的需求转化为客户明确说出"这正是我想要"的产品。这一招让视科新材的客户满意度大幅提升，挖掘和培育了一批潜在高端客户。

其次，加快技术创新战略调整。

视科新材在分析国内外视光技术发展趋势的基础上，瞄准发达国家同行业先进水平，围绕主要竞争对手的技术研发路径，避开与竞争对手成熟技术与产品上的竞争。比如，日本三井公司的高折射视光单体产品长期垄断全球，在全球拥有 260 件专利。视科新材避其锋芒，调整了研发主攻方向，聚焦在防蓝光单体性能与集成研究，逐步从进口替代走向视光材料的前沿开发，抢占了技术制高点。再比如，国外变色技术和防蓝光技术由于技术路线不同，两者难以兼容。视科新材通过不断调整技术创新路径，将变色技术与防蓝光技术有效集成融合，产品属国内外首创。

除了对成熟产品采用新的技术路线进行追赶外，视科新材在新产品设计和引领方面，采取与国内院校的产学研合作、增加研发经费投入和加强专利前瞻性布局等战略举措，推动新品的技术研发。在新产品项目选择时，视科新材坚持一个重要原则：项目必须进行专利信息分析和查新，对信息分析不乐观的项目不予立项研发，通过加快技术创新战略调整，在高端市场定位中不断扩大自身的非对称技术优势。

不论是河钢集团、吉利远程还是视科新材，它们通过选择新技术路线进行高端市场定位，尝试无人区技术，这本身就是一种巨大的成功。要做到这点，不仅需要对内外部环境的全面分析，还需要企业领导的思维创新和试错精神，更需要企业在实现路径和模式上的精妙谋划。

策略三：通过业务与技术延伸进入高端市场

所谓"通过业务与技术延伸进入高端市场"，是指企业发现主营业务与某些潜力巨大的创新业务之间存在密切关联，通过产业链上下游延伸、技术延伸或能力延伸等方式直接定位于高端市场的一种策略。比如，有的企业把军用产品延伸到民用高端市场，就是一种高端化定位。当然，有的企业将民品技术延伸到军用市场，也会形成高端市场进入，这就是一种双向延伸。

下面我们看三个颇有代表性的企业案例，其中赣锋锂业从产业链的中游向上下游的延伸，中国飞机强度所则是军用技术向民用产品的延伸，中国建材选择了从水泥到高端新材料的延伸。

【赣锋锂业：从产业链中游向上下游的延伸突破】

从 2008 年起，中国的锂电产业开始起步，然而产业链的一头一尾均被国外企业掌控，相关高端产品如高纯金属锂、电池级碳酸锂、电池级氢氧化锂、超薄锂带等必须从国外购买。

赣锋锂业成立于 2000 年 3 月 2 日，注册资金 11.1 亿元，公司总部位于江西新余国家高新技术产业开发区，在全球拥有 14 个全资子公司和 7 大生产基地。毫不夸张地说，赣锋锂业向产业链上下游延伸的高端市场定位，是被冰火两重天的境况推动的。冰，是企业面临的巨大挑战；火，则是时代带来的巨大机遇。

2000 年成立初期，赣锋锂业一直聚焦在锂产业的中游业务，先做金属锂、锂材及锂系列合金产品，再开发碳酸锂、氟化锂、氢氧化锂等锂盐产品。经过几年的发展，赣锋锂业在中游产业形成了一定优势，在国内外市场占有较高份额，特别是金属锂产品，2007 年金属锂产品国内市场占有率 37%，全球市场占有率 22%。

然而，赣锋锂业面临着一个巨大短板：生产金属锂及锂盐产品的原材料全部依靠从美国 FMC（联邦海事委员会）进口；随着生产规模的扩大，特别是深加工锂盐产品的不断开发，赣锋锂业对锂原料的需求越来越大，上游锂资源的供应保障问题成为严重制约企业发展的瓶颈。锂产业是资源依赖型产业，谁掌控了锂资源谁就拥有话语权。我国锂产业所需的卤水和锂辉石原料 90% 依赖国外进口，其中美国 SQM、德国 Chemetall 和美国 FMC 三家国际巨头占了全球约 75% 的市场。

此外，下游的日本、韩国、美国等国凭借技术优势在锂电池制造、锂电新材料、电解液等市场设置贸易壁垒，我国生产的工业级金属锂、碳酸锂等锂产品出口受到诸多限制；而锂电产业急需的电池级碳酸锂、电池级氢氧化锂、高纯金属锂、超薄锂带等高端锂电新材料产品，大部分需要高价从国外进口。

虽然面对诸多挑战，但历史性的机遇也摆在了赣锋锂业面前。2008 年后全球新能源汽车产业兴起，锂电池、锂电材料、锂资源开发等产业链上下游企业迎来了难得的发展机遇。

面对这种态势，赣锋锂业高层意识到，锂产业是朝阳新兴产业，

第二章 | 高端市场定位是勇气、认知与能力的完美融合

正焕发蓬勃生机，全球锂产业的发展中心正在逐步向中国转移，赣锋锂业如果能抓住此次发展新机遇，就可能成为行业龙头企业。要达到这样的目标，公司必须一方面稳定上游原料供应，另一方面向下游拓展产业链，实施"从产业链中游向上下游的延伸"的产业链一体化发展战略，如图 2-2 所示。

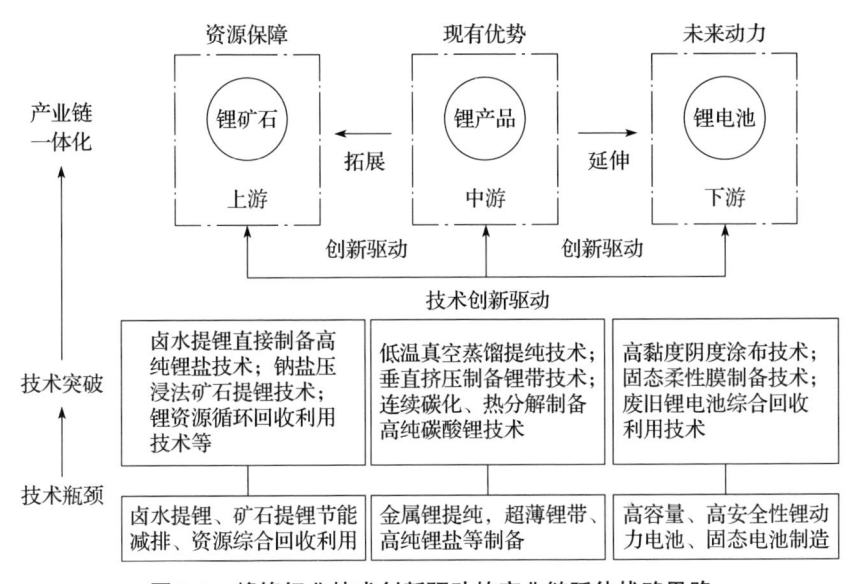

```
产业链           资源保障         现有优势         未来动力
一体化          ┌─────┐  拓展  ┌─────┐  延伸  ┌─────┐
    ↑          │锂矿石│ ←──── │锂产品│ ────→ │锂电池│
    │          └─────┘        └─────┘        └─────┘
    │            上游           中游           下游
    │             ↑              ↑              ↑
    │           创新驱动        创新驱动
    │                    技术创新驱动
    │          ┌──────────┐ ┌──────────┐ ┌──────────┐
技术突破       │卤水提锂直接│ │低温真空蒸馏│ │高黏度阴度涂│
    ↑          │制备高纯锂盐│ │提纯技术；  │ │布技术；   │
    │          │技术；钠盐压│ │垂直挤压制备│ │固态柔性膜制│
    │          │浸法矿石提锂│ │锂带技术；  │ │备技术；   │
    │          │技术；锂资源│ │连续碳化、热│ │废旧锂电池综│
    │          │循环回收利用│ │分解制备高纯│ │合回收利用技│
    │          │技术等     │ │碳酸锂技术 │ │术         │
    │          └──────────┘ └──────────┘ └──────────┘
技术瓶颈       ┌──────────┐ ┌──────────┐ ┌──────────┐
               │卤水提锂、矿│ │金属锂提纯、│ │高容量、高安│
               │石提锂节能减│ │超薄锂带、 │ │全性锂动力电│
               │排、资源综合│ │高纯锂盐等 │ │池、固态电池│
               │回收利用   │ │制备       │ │制造       │
               └──────────┘ └──────────┘ └──────────┘
```

图 2-2 赣锋锂业技术创新驱动的产业链延伸战略思路

这一战略背后的逻辑是：赣锋锂业如果能够围绕既有的"中游"优势做好锂产品深加工，开发更多市场急需的高端锂材料新产品，就能优化产品结构、提升企业的抗风险能力，把锂产业链中游做实做强；如果再寻求机会向下游产业链延伸，把锂电池制造做大做优，企业竞争实力将进一步增强。

支持赣锋锂业这条战略路径的核心便是技术创新，公司构建了"技术瓶颈—技术突破—产业链一体化"的落地思路，中游和上下游要突破的瓶颈点如下。

在中游，赣锋锂业围绕现有优势，突破金属锂提纯、超薄锂带、高纯度锂盐等锂产品的制备工艺瓶颈；

在上游，赣锋锂业围绕锂矿石，通过攻克卤水提锂、矿石提锂技术难题，加快锂矿加工产能扩张，保障锂盐原料供应；

在下游，赣锋锂业围绕锂电池，通过直接兼并收购现有成熟企业和技术团队的方式，突破高容量、高安全性锂动力电池、固态电池的研发技术制造瓶颈，储备一批锂电池新技术；

在产品全生命周期，赣锋锂业开发锂电池综合回收利用新技术，实现循环经济和绿色发展。

赣锋锂业通过产业链延伸的方式，直接将上游和下游相关产品实现高端定位，可谓一网打尽。然而不是所有企业都需要这样做。中国飞机强度所就从应用场景的延伸出发，将军用技术和服务应用到民用场景，同样实现了高端市场定位。下面来看它的故事。

【中国飞机强度所：从军用到民用的高端市场定位】

乍一听，中国飞机强度研究所这个企业的名字很陌生，也不好理解，但略作了解，就知道它是干什么的。

中国飞机强度所创建于1965年4月，总部位于西安高新区，隶属于中国航空工业集团公司，是我国航空工业唯一的飞机强度研究、验证与鉴定中心。中国飞机强度所承担飞机从材料、元件、部件到整机结构的地面强度验证试验。说简单点，它是提供强度验证服务的，而强度服务不论军品或民品都需要，像一个电饭煲在研发和出厂时也要进行强度验证。

这样一家有强烈军工背景的企业，为什么要进军民用市场，又是如何在民用市场实现高端化定位的？中国飞机强度所的领导通过"扫描—分析—定位"三步法，找到了答案。

第一步：外部环境全景扫描。

在对外部发展环境进行全方位扫描后，中国飞机强度所发现，传统军工科研院所的订单严重依赖军品订货，导致军民发展失衡。随着市场准入的逐步放开，壁垒已经消除，军工科研单位可以通过军用先进技术服务民营企业产品研制，实现新的产业发展模式，这为中国飞机强度所提供了难得的发展机遇。

第二步：自身优劣势分析。

除了外部环境全景扫描，中国飞机强度所还分析了自身的一大优势和两大劣势。

一大优势是作为中国航空工业唯一的结构强度专业研究机构，中国飞机强度所具有完备的专业体系，雄厚的技术实力，以及一大批原创性基础性科研成果。

两大劣势则体现在技术协同能力和市场机制方面。一是中国飞机强度所本身的技术协同能力不强。在技术孵化方面，中国飞机强度所缺乏军民通用技术孵化平台；在技术转化方面，没有形成航空强度技术向大防务领域和一般民用工业领域的转化机制，亟待打通原创技术成果与广阔市场需求之间的通路。二是中国飞机强度所本身的市场体系不完善。在寻找强度技术与民用市场的结合点方面缺乏清晰的市场定位，客户市场针对性不强，轻视"合纵连横"的市场策略；在市场发展规划方面，对强度技术特点的研究不足，执着于标准化货架产品的研发，但始终未取得明显突破。

第三步：市场高端定位。

找准了方向、发现了问题，剩下的就是解决和落地。

2015年以来，为了发挥出强度技术的溢出效应、密切对接市场，中国飞机强度所确立了"技术产业"的理念定位，即基于强度核心技术开发低成本、高附加值的技术服务和高端产品。在该理念的指导下，中国飞机强度所提出了"服务大航空，进军大防务，支持大工业"的高端市场定位导向。

第一，服务大航空市场。

中国飞机强度所在航空全产业链深入挖掘客户需求，培养客户市场惯性。比如与机载设备研制和生产企业开展全方位合作，针对机载设备存在的各类强度问题，提供结构设计、强度分析、试验验证等一系列解决方案。此外，国家对通用航空产业的支持力度使得通用飞机、工业无人机产业蓬勃发展，诞生了大量对强度相关技术和产品的需求。于是，中国飞机强度所主动研发了可应用于轻型通用飞机、无人机的摩擦式减摆器，突破了弹性元件预变形阻尼设计技术，填补了国内空白，达到国际先进水平。

第二，进军大防务市场。

按照"互利共赢、协作成长"的思路，中国飞机强度所在结构设计与优化、强度分析、强度试验、非标测控系统等多个业务方面与航天、兵器、船舶、电子等防务行业开展战略合作。中国飞机强度所通过全面分析客户需求，整合相关专业的技术力量，进而提出系统性解决方案。比如针对导弹及高速航天器在飞行过程中的多重复杂载荷情况，集中静强度、动强度、热强度、疲劳强度等多个专业力量，形成了多物理场耦合条件下结构强度分析研究和验证的新方法和新技术，推进了航天型号的研制进程。

第三，支持大工业市场。

中国飞机强度所结合制造业转型升级对结构强度技术的迫切需

求，通过分析大工业细分市场的发展痛点，对大型装备制造业和中小型制造业企业在合作上选取了差异化的业务支持方向。对于大型装备制造业，中国飞机强度所主要在标准规范、顶层规划、技术体系等方面给予战略性支持，如在轨道交通领域，协助制定轨道列车结构的强度标准规范，帮助中国制造企业进入欧美市场；对于中小型制造业企业，中国飞机强度所整合结构强度设计、分析、结构优化、强度试验方面的资源，构建共享平台、降低服务成本，提供中小型企业"用得起的军工级技术服务"。基于"高低搭配"的技术产业服务模式，中国飞机强度所实现了为全工业领域赋能的目标。

【中国建材：从水泥到高端新材料的市场定位】

中国建材是由中国建筑材料集团有限公司与中国中材集团有限公司重组而成的一家央企，如今已形成水泥、新材料、工程技术服务三足鼎立的建材企业。其中水泥熟料产能5.3亿吨、商品混凝土产能4.3亿立方米、石膏板产能20亿平方米、玻璃纤维产能195万吨、风电叶片产能16GW，均位居世界第一。

然而，在2008年前，中国建材还以水泥业务作为主营业务，高端新材料几乎是一片空白。如何实现高端化的市场定位，中国建材经历了"行业认知—市场定位—瓶颈突破"的过程。

首先，对新材料行业发展趋势形成清晰认知。

2008年，中国建材通过跟踪行业动态和全球发展态势，发现在新一轮工业革命中，新材料已成为各国战略竞争的焦点。欧、美、韩、日、俄、中等全球20多个国家和地区纷纷制定了与新材料相关的产业发展战略，启动了100多项专项计划，大力推动本国新材料产业的发展。虽然我国新材料产业过去几十年取得了长足发展，但总体来看基础研究落后，原创性新材料技术成果欠缺，部分核心专利受制于人；创新资源、创新力量非常分散，重复研究、重复投入现象突出，产业链与创新链有效融合的机制尚未完全建立，产业竞争力不强。

其次，确定三条发展曲线，定位高端市场。

基于行业认知和自身特点，中国建材提出"精耕细作基础建材、大力发展新型材料、积极培育研发及技术服务等新业态"的三条曲线发展路径，聚焦高端发展，通过打造新材料产业链，提升自主创新能力和核心竞争力。

随后，中国建材又进一步细化，提出推进新型建材、新型房屋、新材料和新能源的"三新"策略，重点发展高档玻璃纤维与碳纤维、风力发电叶片、太阳能膜电池、TFT基板玻璃和新型房屋等产品，培育新的利润增长点。

事实上，新材料产品种类繁多、量大面广，中国建材依据自身技术优势和产业布局，坚持"有所为有所不为"的原则，明确了光电功能无机材料及制品、新型纤维及复合材料、高效长寿命陶瓷及耐火材料、锂电池隔膜材料等无机非金属新材料为重点发展方向。

光电功能无机材料及制品方向，以电子信息、高端装备制造、现代医疗等产业需求为目标，开展高世代TFT-LCD玻璃基板和盖板、大尺寸高均匀光学石英玻璃和红外石英玻璃及制品、大尺寸陶瓷基板、高精度陶瓷结构部件等材料的研发和产业化，实现特种光学玻璃、高纯原料及高品质石英玻璃等产品性能达到国际先进水平。

新型纤维及复合材料方向，以发展高端纤维及复合材料产品、引领行业技术发展为目标，开发E8玻璃纤维、高性能碳纤维、系列风电叶片及海上大型风电叶片，实现产品性能达到国际先进、国内领先水平。

在高端复合材料方面，开发适用于低风速地区的加长型风电叶片及海上风电的大型风电叶片，开展碳纤维复合材料在汽车、深海油气田开发等领域的应用研究，开展复合材料轻量化结构、低成本制备技术研发，实现在汽车、轨道交通车辆、航空航天领域的应用。

最后，找准高端升级的突破点。

中国建材发现，新材料产业属于技术创新和产品创新较为突出的制造业，不同环节的企业和机构之间容易出现隔阂，产学研用存在脱节，对产业创新造成阻碍。找到了瓶颈点后，为实现新材料产业的快速发展，中国建材强化顶层设计，打通"技术研发＋产业化"产研协同创新全链条，并针对链条中的关键环节，制定了清晰的发展路线图。

中国建材自身有一个巨大优势，就是资源整合，包括先进生产技术、核心技术装备、检验认证和标准等，由此形成强大的产业板块核心牵引作用和研发自主权，快速推动"技术研发＋产业化"的模式建立，打通技术创新和产业化通道，实现新材料从研发到产业化和市场化的有效闭环。

上面几家企业都是通过业务和技术延伸定位于高端市场，虽然延伸的方式不同，但延伸的逻辑相似：一是相关性，要么是相关应用场景的延伸，要么是上下游相关业务的延伸，要么是技术上的关联；二是技术突破，所有高端业务的延伸都要通过技术突破才能实现。

策略四：满足国家战略需求的高端市场定位

国家战略需求，是指国家出于经济安全、国防安全、能源安全、信息安全等方面的考虑，由政府牵头发起并由企业来承担的国家任务。这类国家任务通常需要突破国外"卡脖子"，进行技术、产品的全面升级。比如北斗系统、高端电子测量仪器、重型燃气轮机、特高压输电工程等都是如此。下面就选取几个代表性案例，看看它们是如何通过承接国家高端需求任务进行高端市场定位的。

第一个案例是来自每个人都接触过但并不在意的小众领域——测量仪器。著名科学家门捷列夫说过："科学是从测量开始的，没有测量，就没有科学"，王大珩院士用更形象的语言说出了测量仪器的价值：测量仪器是科学研究的"先行官"、工业生产的"倍增器"、国防军事的"战斗力"，以及现代生活的"物质法官"。总之，测量仪器在国民经济发展和国家安全等方面起着至关重要作用。

然而，这样一个至关重要的领域，我国却长期处于落后状态。国内电子测量仪器企业主要聚焦在中低端产品的开发，高端电子测量仪器长期被国外一流公司垄断、价格昂贵，部分高端仪器对我国禁运。此外，电子测量仪器市场是一个充分竞争市场，国外巨头采取"一卡两冲"等方式对国内仪器厂商进行打压，制约了国家高端装备和国民经济的发展。此时，由国家牵头组织的任务就变得异常重要，推动行业领头企业快速进入高端市场。

【中国电科 41 所：定位电子测量仪器高端市场】

中国电科 41 所成立于 1968 年，是我国国防科技工业系统唯一的电子测量仪器专业研究所，主要从事微波/毫米波、光电、通信、基础类电子测量仪器以及自动测试系统、微波/毫米波部件等产品的研制、开发和生产，为"北斗""神舟""嫦娥"系列工程和光纤通信干线工程等进行仪器配套，是我国电子测量仪器行业的龙头企业。

中国电科 41 所很早就意识到，电子测量仪器行业具有技术高、投入高、回报慢、军民通用的特点，测量仪器企业只有突破技术瓶颈、开发适销对路产品，缩短研发周期，才能追赶国外一流测量仪器厂商。

虽然中国电科 41 所是"国家队"，但较国内外一流测量仪器企业存在一定差距。如何充分利用有限资源，既完成好国家任务，又做大做强电子测量仪器产业，打破国外技术垄断，解决国家高端电子测量仪器"卡脖子"限制，成为摆在中国电科 41 所领导面前的重要问题，前提是进行准确的高端电子测量仪器市场定位。

一是面向国家重大需求，制定需求报告、打造技术树。中国电科 41 所围绕军用测试仪器和国家重大工程开发急需，采用对标国际一流水平企业和调研等方法，组织人员分析未来仪器技术发展趋势，形成了《开发需求库》，定期制定需求报告。在需求报告的基础上，中国电科 41 所尤其关注国家"卡脖子"领域，在军方、国家部委和集团公司中主动承接相关"卡脖子"攻关任务。在实践中，中国电科

41所通过实施重大项目攻关，由使命任务突破一系列技术，形成五大门类"金字塔"形的核心技术、关键技术、一般技术，技术分类管理，打造技术树、构建技术体系，实现核心技术的创新与开发，进而实现高端化升级。

以系列化矢量网络分析仪为例。中国电科41所在型号项目的研制过程中，同步开发出多功能产品，打破了国外高端仪器禁运和垄断，填补了国内市场空白，开发出的高性价比仪器迫使国外同类产品降价。

二是面向市场高端需求，实施专项、打造产品树。中国电科41所作为国家第三批"混改"试点单位，从市场需求分析入手，瞄准下一代测试仪器，通过制定和实施一系列专项的方式打入高端测量仪器市场。每年中国电科41所都由市场委员会组织专题调研，制定《市场调研走访表》，通过调研信息收集、整理和分析，构建需求管理体系，研究市场需求和技术发展方向及趋势，做到"了解市场、预测市场和分析市场"。中国电科41所运用 $APPEALS模型，全面掌握客户需求，明确市场定位，掌握仪器行业当前和潜在产品的功能要求、技术特点和水平，快速开发面向市场的产品，形成系统层、整机层、组件层、元器件四级货架层次，构建五大门类产品体系，制订年度技术开发计划并实施。

通过积极参与国家重大工程、重大项目及自主可控工程项目的实施和技术攻关，中国电科41所在电子测量仪器领域先后形成了一系列自主核心技术，微波毫米波同轴测试频率、太赫兹波导测试频率、混频技术取得阶段性成果，达到国际先进水平；5G移动通信测试技术整体达到国际先进水平。多项创新成果打破了国外技术封锁和产品禁运，填补了国内市场空白，实现了"电子测量仪器自主可控"的目标。

电子测量仪器领域是一个相对小众的领域，而像重型燃气轮机这样关系国民能源安全的"国之重器"，更需要通过国家任务实现自主可控的高端市场定位和技术突破升级。中国重燃集团就是在这样的背景下诞生并直接定位于高端市场的科技创新企业。

【中国重燃集团：定位300万兆瓦重型燃气轮机】

先来了解一下重型燃气轮机是什么，看看它的战略价值有多大。

重型燃气轮机是发电设备中的高端设备，集成了气动、燃烧、冷却、控制、冶金材料、机械制造、电子等多学科领域大量高精尖技术，产业链长、覆盖面广、附加值高，是代表国家科技水平和保持工业竞争力的标志性产品，被誉为装备制造业"皇冠上的明珠"。重型燃气轮机设计和制造难度极大，核心技术被美国通用电气、德国西门子、日本三菱重工、意大利安萨尔多四家国际公司长期垄断。我国约200台重型燃气轮机机组的核心技术完全依赖于国外，这不但影响机组运行经济性，而且影响国家能源安全。

我国重型燃气轮机起步于20世纪50年代，期间国家有关部门、地方政府、企业、高校院所依托"863计划"和"973计划"等科技项目，开展了局部领域原理探索、单项技术开发等工作，虽然在个别专业细分领域发表了具有国际先进水平的论文，但始终未从整体上掌握关键核心技术。从2002年起，我国开始实施重型燃气轮机"打捆招标"策略，以市场换技术，初步形成了重型燃气轮机冷端部件制造及总装能力，但仍未形成自主知识产权的重型燃气轮机产品，也未建立起自主可控的产业技术体系。

国家意识到，必须突破重型燃气轮机"卡脖子"关键核心技术、研制自主知识产权产品，建立我国重型燃气轮机自主可控的产业技术体系，打破对国外技术与产品的持续依赖。为此，2015年党中央、国务院决定实施重型燃气轮机工程国家科技重大专项。按照有关部署，在2020年突破型号产品关键技术，到2023年建成试验机组并示范运行。

中国重燃集团是"航空发动机及燃气轮机国家科技重大专项"中重型燃气轮机工程的具体实施单位，由国家电力投资集团有限公司控股，上海电气（集团）总公司、哈尔滨电气股份有限公司、东方电气股份有限公司参股，于2014年9月28日在上海注册成立。2016年12月，国务院明确国家电力投资集团有限公司是重型燃气轮机工程的实施责任单位，明确中国重燃集团负责具体实施，承担重型燃气轮机工程型号研制、工程验证机研制、关键技术研究与验证、基础研究等项目任务。

中国重燃集团通过承担300万兆瓦的重型燃气轮机研制任务而直接定位于高端市场，然而这条路异常艰辛。中国重燃集团成立后，发现必须依托国家科技重大专项，集聚全国碎片化资源，培育起自主可控、能够应对国际市场竞争的重型燃气轮机产业链，才能实现高端化升级。为此，中国重燃集团采取了一系列创新办法，相关具体做法可参见本书第六章的内容，此处不再赘述。

不论是小众领域，还是国之重器，通过满足国家战略需求、承担国家重大攻关专项或工程项目，已成为企业实现高端化升级、定位高端市场的重要落地方式，进而带动整个行业的高端化发展。

第三章

有了自主技术突破，才有高端化的一切

——聚焦自主技术突破与产品升级，实现高端化

高端化升级是环环相扣的过程，瞄准市场是第一步，技术突破则是紧跟其后的关键第二步。

在定位高端市场、确定关键环节的突破点后，企业就正式进入技术攻坚阶段。这里所讲的技术，包含创新链前端的原理技术、全新技术路线或产品研发技术。实践中，中国企业主要采用三种方式打造高端新产品：一是通过原理技术突破或新的技术路线创造高端产品、实现高端化升级，二是通过突破产品研发瓶颈、提升产品性能来实现高端化升级，三是利用新的数字化研发手段实现产品的高端化升级。下面我们将逐一呈现中国企业在这条路上的创新做法与宝贵经验。

创造新技术：开辟新技术路线

所谓"创造新技术"，是指企业通过突破新的科学技术原理、开辟新的技术路线来实现产品高端化升级、进入高端市场的方式。这种方式对企业的基础研发和技术攻关能力要求很高、难度很大，成功概率很低。可一旦成功，便为自己开辟了一片全新天地，用勇气和智慧避开了与行业领先企业的正面竞争，并有可能最终将曾经的行业龙头拉下马。原理技术突破、开辟新技术路线是企业技术创新和高质量发展的最高境界，更能鼓舞中国企业的勇气和信心。下面来看三个案例：第一个是采用醇氢动力新技术路线的吉利远程商用车，第二个是实现由传统"碳冶金"向新型"氢冶金"技术路线转变的河钢集团，第三个是深耕50余年实现CCUS（Carbon Capture，Utilization and Storage，碳捕集、利用与封存）核心技术从"0"到"1"突破的中石化胜利油田。每个案例都在自己的行业掀起了新的风暴，让同行侧目，成为一面飘扬的创新旗帜。

【吉利远程：醇氢动力新技术路线的胜利】

电动技术路线是当前新能源行业的主流技术路线，行业跟随者甚众，也因此面临同质化严重、竞争激烈的局面。面对一片残酷搏杀的红海，吉利远程并没有简单盲从，而是在充分市场调研、洞察不同应用场景和客户需求的基础上，针对公路商用车续航里程长、电池容量大、普通充电技术难以维系的现状，采用了"醇氢动力+换电技术"的新技术路线，推进产品研发和产业化。

（一）另辟蹊径，打造醇氢动力商用车技术路线

为什么吉利远程会选择一条跟其他商用车企不同的技术路线？

这既源于吉利远程对未来新能源的认识，也取决于之前的技术积累，更取决于企业创新的战略眼光。

首先，氢（H_2）能是人类最终能源解决方案，但气态的氢易燃、易爆、活性高，不易存储和运输。甲醇（CH_3OH）以液态存在，低成本、高安全、利储运，被认为是氢的最佳载体。由此，液态的氢和清洁的煤、便宜的油、简装的气、移动的电一起，成为全球公认的新型清洁绿色能源。

其次，吉利集团之前已经深耕甲醇汽车19年，拥有丰富的甲醇科研成果及醇氢动力技术经验积累。在此基础上，吉利远程才有底气大力投资打造"绿色甲醇—液氢燃料—醇氢动力"这条不同于纯电动的商用车新技术路线。

最后，吉利汽车自成立以来一直聚焦于乘用车领域，对当初遵循传统技术路线进入燃油车行业展开同质化激烈竞争颇有心得。加之商用车新赛道有"船小易掉头、没有历史负担"的优势，所以吉利远程高层在进入新能源商用车领域时就下定决心走一条全新技术路线，这恰恰是吉利远程在新能源商用车行业区别于其他车企的最大特色。

（二）布局全载重、全场景的产品系

新技术路线是否成功，最终要体现在产品上。

在确立新技术路线后，吉利远程开始系统设计商用车核心业务架构。一方面将核心业务内容分为三大平台：以五大品系车品与制造基地为核心的业务价值平台；以绿色运力+能源协同为核心的增值生态平台；以商用车研究院+智芯科技为核心的科技创新平台（见图3-1）。另一方面，在各平台下分设不同的业务实体与组织，围绕各自的战略定位，负责业务链条及创新商业模式的推进实施。

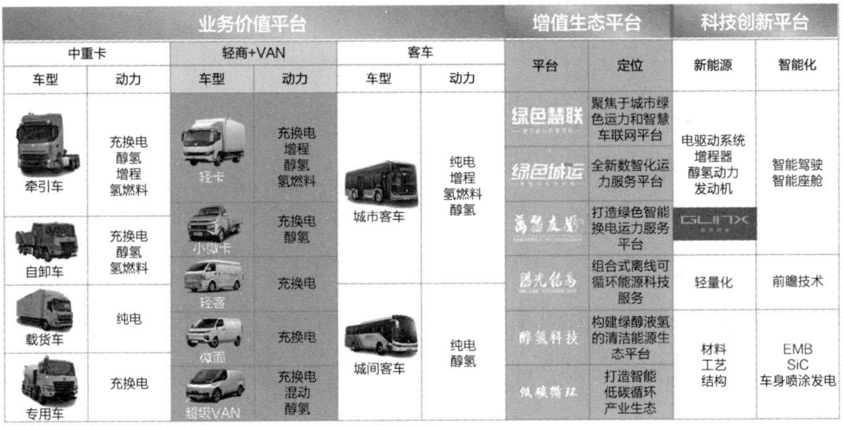

图 3-1 吉利远程整体业务架构

由图 3-1 可知，吉利远程规划了全品系、全覆盖的产品布局，覆盖城市商用车、公路商用车的全系商用车产品。按车辆载重或车身特性分为：重卡、轻卡、小微卡、VAN、客车五大系列产品，以满足用户不同运力、不同场景的使用需要。

按车辆使用场景的不同，吉利远程又将产品分为四大类：一是以干线物流、支线物流、城配物流为特征的物流运输类；二是以城市公交、城际客运、通勤运营为特征的公共交通类；三是以市政服务、道路保洁、垃圾清运为特征的公共服务类；四是以城市建设、港口作业、矿山作业、机场作业为特征的特定场景类。这些精准的场景定义，帮助吉利远程找准客户真正的需求，有针对性地打造产品，实施精准营销。

（三）用"五思维"与"五化"研发爆款产品

在确定了新的技术路线和核心业务架构后，吉利远程下一步就是构建研发体系和打磨产品。

第一，依托集团内两大研发中心，形成两级研发体系。

第一级：吉利中央研究院。这是吉利乘用车的研发大本营，由整车研究院、汽车动力总成研究院、新能源汽车研究院、汽车创意设计中心等构成，研发队伍超两万人，是集设计研发、试验试制、质量控制、供应商协同开发于一体的"最强大脑"。其最大价值在于，能将在乘用车中积累的数据和技术与商用车形成全面共享，大幅缩短商用车研发周期、提升研发效率和质量。

第二级：吉利远程新能源商用车研究院。吉利远程依托中央研究院，在杭州钱塘新区建立了国内最大的新能源商用车研究院，下设轻型商用车中心、动力传动中心、智能电子中心等9大中心、40多个专业部门，会聚全球超2000名研发工程师，专门聚焦商用车新能源化、智能化技术及全新一代绿色智能商用车产品的研发。

第二，围绕使用场景研发爆款产品，持续提升产品竞争力。

吉利远程意识到，采用新的技术路线会导致用户对新能源商用车产品的关注点和需求发生变化，这恰恰是打造"爆款产品"的好时机。为此，吉利远程从为用户创造最大价值的角度出发，形成了有趣又实用的产品研发"五思维"和"五化"。"五思维"是指"场景思维、创新思维、成本思维、迭代思维、爆款思维","五化"是指"绿色能源多元化、产品平台模块化、产品智能互联化、整车质量轻量化、前瞻技术产业化",以此来迭代产品升级、持续降低成本,满足客户在不同场景、不同工况下对产品的适配需求。

一是绿色能源多元化。多元能源、高效动力、集成设计、策略节能是吉利远程产品的关键策略,它不仅提供了纯电、醇氢、光伏等多元能源形式,还提供了纯电驱动、增程动力、醇氢动力及混合动力等多种动力技术,能够满足用户各种细分场景的需求。

二是产品平台模块化。吉利远程将全系产品基于GMA、GTA两大模块架构平台进行打造,并通过变型模块的扩展开发满足产品的差异化需求,既实现研发效率显著提升,又可大幅降低制造环节复杂度,提高产品交付效率。

三是产品智能互联化。吉利远程确立了"智能驾驶保安全、智慧座舱享体验、智能联网提效率"的宗旨,通过智能驾驶辅助、安全的前碰撞预警、自动紧急刹车、车道偏移预警、自适应巡航、预见性能量管理等功能配置,减少事故发生率和降低能耗;用乘用车理念打造商用车智慧座舱,提升客户舒适体验;智能网联则是通过车联网整合生态各环节,打造全场景的服务。

四是整车质量轻量化。一是在材料端采用高强钢、轻质合金、复合材料;二是在工艺端推动先进热成型工艺、TWB(激光拼焊板)和TRB(柔性轧制工艺的连续变截面板材)等工艺方法的落地应用;三是在设计端进行拓扑优化、模块系统集成、消除零件材料冗余和精简结构等。通过多点协同突破,吉利远程逐步形成产品轻量化竞争的优势。

五是前瞻技术产业化。为保证产品研发的领先性，吉利远程重点从能源技术、驱动技术及线控底盘技术等多角度，加大技术投入及前瞻技术布局和落地，确保产品研发的技术领先。

（四）吉利远程新技术路线的先发优势

吉利远程开辟的醇氢清洁能源全新技术路线，如一阵春风吹入行业，成效明显。2023年5月，吉利远程第15万台新能源商用车下线，成为全球首个达成这一成就的新能源商用车品牌；2020—2022年，吉利远程新能源商用车销售、市场占有率增长迅猛，近三年销售复合增长率达219%，市场占有率跃居行业第一位。其中，重要细分市场的新能源轻卡与微面产品市场占有率遥遥领先，稳居行业第一。吉利远程通过布局全新的醇氢生态平台，迈入了以 CO_2 捕集+风光绿电制 H_2 的绿色甲醇3.0时代，在线运行的新能源商用车，已累计减碳448万吨，每年可实现减碳216万吨，生态效益显著。

吉利远程选择的是一种汽车动力源的新技术路线，河钢集团这家传统的钢铁企业则采用了一种全新的工艺路线实现绿色炼钢，与我们日常对钢铁厂能耗大户的印象完全不同。它又是如何做到的，一起来探个究竟。

【河钢集团：颠覆传统行业的"氢冶金"绿色技术突破】

2023年5月31日，中国钢铁工业协会给河钢集团发来一封贺信。贺信称："……这是氢冶金核心关键技术创新的重大突破，是中国钢铁史乃至世界钢铁史上由传统'碳冶金'向新型'氢冶金'转变的重要里程碑，引领钢铁行业迈入'以氢代煤'冶炼'绿钢'的时代。"

之所以能获得权威行业机构这样高度的评价，源于河钢集团干了一件全世界都没人干过的事，用"氢冶金"替代了"碳冶金"，其全球首例120万吨"氢冶金"示范工程一期获得圆满成功。

说简单点，河钢集团改变了以前炼钢的底层工艺技术，创造了一种不同于传统主流技术的绿色炼钢方法。毫无疑问，这是一条大胆又有新意的技术路线，本书第二章已经介绍过河钢集团转向"氢冶金"技术路线的动机及其创新链的关键突破点，下面我们来看看河钢集团的具体做法。

（一）三管齐下，突破"氢冶金"的技术瓶颈

为了让"氢冶金"的全新绿色技术路线落地，河钢集团采用了三管齐下的策略：一是建立底层科技研发体系，二是承担国家研发任务，三是推进关键性减排技术应用。每一步都不白做，指向非常明确：建立研发体系是技术底座，承担国家任务是占领行业话语权，推进减排技术应用则是为了打造闭环。

1. 建立内外协同的绿色低碳科技创新体系

为开展关键核心技术研发，河钢集团相继联合中国科学院、东南大学、北京科技大学、昆士兰大学等国内外知名院校企业，开展大气污染控制耦合能质增效技术、CCUS、绿氢制备、氢冶金等前沿绿色低碳技术的协同研究，并且成立大河生态环境科技有限公司这一示范应用平台，同步推动技术装备加快向高端化、智能化、绿色化升级。

河钢集团氢冶金技术攻关团队经过研究提出氢冶金的基本原理：富氢焦炉煤气含有55%～65%的氢气、15%左右的甲烷，利用氢作为还原剂代替碳还原，通过先进的零重整技术，还原气体中的氢碳比

可达到 8∶1 以上，是目前工业化生产中含氢比例最高的气基竖炉直接还原工艺。氢气在高温高压环境中与氧化铁产生反应，生成铁元素和水。同时，竖炉反应器针对高比例氢含量进行优化设计，预留绿氢切换功能，这为未来解决绿氢经济稳定供应问题后，实现 100% 绿氢竖炉直接还原提供了基础，从而在源头上解决碳排放问题。

此外，在世界钢铁协会的指导下，河钢集团成立世界钢铁发展研究院，加强与全球钢铁企业、高等院校、科研院所、协会组织间的交流与合作，研究钢铁工业低碳发展战略与对策，探索钢铁工业未来可持续发展路径。

2. 主持承担国家绿色低碳重点课题

河钢集团的底层技术研发有一个显著特色，就是通过承担国家绿色低碳重点专项课题进行技术突破，以此为切口建设钢铁行业全过程控制超低排放技术体系。比如，河钢集团相继主持"钢铁行业多工序多污染物协同控制技术""水资源高效利用国家重点研发计划""钢铁行业水污染全过程控制技术系统集成与综合应用示范"等多项国家重点专项项目，在行业内率先研发"源头—过程—末端"全过程协同控制技术，为全行业提供超低排放标准参照。通过这种方式，河钢集团可以在行业内拥有话语引领权，形成先发示范效应和国家背书效应，带动钢铁生产全流程、全过程、全污染物减排，可谓一举多得。

3. 推动 CCUS 关键性减排技术应用

河钢集团发现，要落地氢冶金技术方案，二氧化碳捕集、利用与封存是突破低碳工艺技术瓶颈、实现深度脱碳的关键。于是，河钢集团聚焦研发具有国际领先水平的 CCUS 技术，将 CO_2 捕集并精制成工业级液体二氧化碳和食品级液体二氧化碳，在产线应用后每生产一吨直接还原铁可捕集约125千克二氧化碳，年生产二氧化碳副产品约6万吨。基于该技术，河钢牵头成立"河北省CCUS产业技术联盟"，依托河钢丰富的应用场景，构建覆盖碳捕集、碳利用、碳封存、碳核证、碳监测、碳资产的CCUS全流程发展体系，形成了可复制、可推广的钢铁行业深度脱碳全流程一体化解决方案。

（二）突破传统冶炼模式，落地全球首例120万吨"氢冶金"示范工程

突破基础研发的技术瓶颈只是第一关，必须形成落地的新型冶炼模式。为此，河钢集团推动建设了全球首例氢冶金示范工程。然而，建设了工程还不够，还必须将其应用在短流程炼钢中。这源于河钢集团对行业现状的深刻认识：我国钢铁行业以高碳排放的"高炉—转炉"长流程炼钢占90%左右，低碳环保的"废钢—电炉"短流程炼钢仅占10%。但是长流程炼钢技术已接近热力学极限，难以大幅度降低碳排放。因此，示范工程成功后，还要推动电炉短流程、建成全废钢电炉短流程特钢厂，才能真正达到降低碳排放强度的目标。

于是，河钢集团紧锣密鼓地推动了三个"建成"，分别是"全球首例""国内首家""世界领先"，颠覆性技术路线的突破感跃然纸上。

1. 建成全球首例"氢冶金"示范工程

在搞清楚了"氢冶金"的技术原理后，河钢集团采用协同模式，与国内外知名企业、科研院所深入合作，在引进国外先进技术的基础上，集成了多项国内外先进技术，探索实践"富氢气体直接还原"核心技术、行业领先煤气微晶吸附深度净化技术，推动全球首例氢冶金示范工程建设。示范工程的进度如下。

2019年10月，河钢集团于勇董事长正式就任世界钢铁协会会长，期间提出河钢集团"氢冶金"示范工程的设想；

2019—2020年，河钢集团克服新冠疫情影响，完成技术交流、技术谈判、商务谈判、合同签署等一系列筹备工作；

2020年11月，河钢集团于勇董事长在第三届中国国际进口博览会上第一次公布"氢冶金"示范项目；

2021年5月，项目启动建设；

2022年12月16日，示范工程一期全线贯通；

2023年5月，正式实现安全顺利连续生产DRI（直接还原铁）产品，各项指标达到世界领先水平。

示范工程建成后，与同等生产规模的传统"高炉+转炉"长流程工艺相比，每年减少CO_2排放80万吨，减排比例70%以上，SO_2、NOx、烟粉尘排放分别减少30%、70%和80%以上，成为钢铁行业绿色可持续发展的样板。

2. 建成国内首家全废钢电炉短流程特钢厂

基于氢冶金示范工程的成功应用，河钢集成应用70多项国际先进的节能减排技术，推动"废钢—电炉"短流程炼钢技术的应用，又建成了国内首家"全废钢电炉短流程"绿色低碳特钢企业——石钢新区。该企业以废钢为原料，以电和天然气为主要能源，实现零煤、零焦清洁生产，能耗和污染物排放大幅降低，成为钢厂与城市协同发展的示范。这也是行业内首家采用分质盐结晶技术实现浓盐水资源化的企业，达到废水零排放。在生态环境部2022钢铁行业绿色发展水平评估中，获得最高级别的"绿色发展领先水平"评价。

3. 建成世界领先长流程绿色钢厂

基于新技术路线的突破，河钢集团在行业内首次从长流程工艺设计层面，运用最新的钢厂动态精准设计、冶金流程学理论和界面技术，将河钢集团下属唐钢新区打造成为环保绿色化、工艺前沿化、产线智能化、流程高效化、产品高端化的世界级现代化沿海钢铁工厂，开创了长流程低碳转型的新路径。唐钢新区改造全流程应用130多项绿色制造技术，实施多工序、多污染物超低排放控制技术，污染物排放比行业超低排放标准再下降10%；实施全工序节能降碳技术，建成全流程能源管控系统和转换体系，自发电比例提高到85%以上，吨钢比传统长流程减少二氧化碳排放21%；水重复利用率98.5%以上，实现固废减量化、100%资源化利用。

（三）令人震撼的"氢冶金"技术路线成效

以前如果有人说，一家钢铁厂的炼钢过程是近零碳排放，人们一定觉得他在吹牛。然而，河钢集团在"氢冶金"示范工程中首创的"焦炉煤气零重整竖炉直接还原"工艺技术却真正做到了这点，颠覆了传统炼钢工艺。与同等生产规模的传统"高炉+转炉"长流程工艺相比，新工艺技术效果令人震撼。

在碳排放方面，新工艺技术每年可减少80万吨、约70%的碳排放，相当于塞罕坝林场1年的固碳量；

在污染物排放方面，新工艺技术减少二氧化硫30%、氮氧化物70%、烟粉尘80%以上的排放。

"氢冶金"工程的成功实施，还让河钢集团在绿色能源制氢、工业副产气体制氢、氢冶金关键技术集成、原料制备、污染物高效治理等方面形成了多项自有技术和核心成果。基于该项目形成的"氢冶金直接还原关键技术与示范"等6项科技成果，成功入选了《国际氢能领先技术成果册》，此外河钢集团拥有《全氧富氢低碳还原熔化炼铁系统及炼铁方法》等 44 项氢冶金专利，启动编制相关国家及行业标准 7 项。生产的绿色低碳热锻模具钢，售价比普通模具钢高 50% 以上，经济效益显著。

河钢集团采用颠覆式新工艺技术路线的效果令人震撼，其中的一个关键词是 CCUS。下面的这个案例与 CCUS 的关联更紧密，这就是中石化胜利油田。

CCUS 是指将工业生产中的二氧化碳用各种手段捕集、利用和封存的过程。通俗地讲，就是捕捉释放到大气中的二氧化碳，压缩之后，再压回到枯竭的油田和天然气领域或者其他安全的地下场所。CCUS 的目的就是把生产过程中排放的 CO_2 进行捕集提纯，继而投入新的生产过程进行再利用和封存。

CCUS 的应用场景很多，石油开发是一个典型场景。而且，中石化胜利油田对 CCUS 的基础研究早在 1967 年就开始了。这背后的机理是什么，中石化胜利油田又是如何实现 CCUS 技术从"0"到"1"的突破？

【中石化胜利油田：CCUS 核心技术从"0"到"1"的突破】

众所周知，我国石油安全形势极为严峻。2021 年，我国原油对外依存度达到 72%，天然气对外依存度达 45%。要解决这个短板，必须"找出更多油气""吃干榨净、开发出更多石油"。CCUS 虽然能够解决"水注不进、油采不出""采油速度低、采收率低"等瓶颈，实现增油与减碳双赢，但目前的常规 CO_2 驱油技术提高采收率幅度有限，需要进一步深化理论认识和技术突破。

根据测算，我国适宜 CO_2 驱油的石油地质储量约 130 亿吨，运用 CCUS 技术可增加可采储量约 20 亿吨、封存 CO_2 约 60 亿吨，仅胜利油田就有 15 亿吨储量适合 CO_2 驱油。正是看到 CCUS 的价值及丰富的应用场景，胜利油田从 1967 年开始就持续开展相关技术攻关，成为 CCUS 先行者。

这一过程异常艰难，历经"室内实验研究、关键技术攻关、先导试验、工程示范"四个阶段，自主攻关三方面核心技术，最终构建了覆盖 CCUS 全链条、可工业化推广的技术系列，实现了 CCUS 核心技术从"0"到"1"的突破。

（一）突破 CCUS 三个关键核心技术

首先，突破碳捕捉技术，实现低成本工业化应用。

针对碳捕捉技术能耗高、效率低等问题，中石化胜利油田与南京化工研究院、清华大学、浙江大学等开展联合攻关，探索新理论、突破新技术。

一是在高浓度 CO_2 气源捕集上，中石化胜利油田创新实施余热、余压回收节能工艺，形成了低温精馏碳捕集技术，综合能耗较常规工艺降低 10% 以上，已成功应用于齐鲁石化百万吨级捕集工程；

二是在低浓度 CO_2 气源捕集上，中石化胜利油田面对传统吸收剂性能低的世界级难题，自主研发新型多氨基吸收剂，吸收性能提升 30% 以上；

三是在捕集工艺设计方面，中石化胜利油田创新能量梯级利用工艺，再生能耗由 $3.0GJ/tCO_2$ 降至 $2.24GJ/tCO_2$，达到国际领先水平，捕集成本降低 20%；

四是鉴于 CO_2 长输管道国内无工程应用先例，中石化胜利油田与美国海湾石油公司（GIE）、加拿大 Regina 大学开展技术交流，组织专业技术人员赴加拿大 Weyburn 油田学习考察，自主攻关研发攻克了多相态管输、国内首台套大输量管道离心泵等"卡脖子"技术，推动了国内首条百公里级、百万吨级密相 CO_2 输送管道工程的顺利实施。

其次，突破碳利用技术，实现低渗油藏高效开发。

面对特低渗透油藏埋藏深（大于 3000 米）、储层致密程度像磨刀石、常规 CO_2 驱提高采收率低的世界级难题，中石化胜利油田采用由中国工程院院士李阳牵头的"专家+团队"联合攻关模式，依托"中国石化 CCUS 重点实验室"，聚焦高效增油的技术突破：

在驱油方式方面，胜利油田在国内首创低渗透油藏 CO_2 高压混相驱油理论，建立"压驱+水气交替驱"开发方式，实现碳油快速相溶、油井快速增油，驱油效率提高 25% 以上，整体达到国际领先水平，为我国百亿吨低渗透石油资源高效开发奠定了理论基础；

在高效注入方面，胜利油田研发了国内首台套、具有完全自主知识产权的高效密闭地面注入装备，形成了"零排放、高压注入、低温计量、分压分注"等注入技术系列，已推广应用 36 台套，填补了国内在该领域装备制造及应用上的空白。

最后，突破碳封存技术，实现长期安全封存。

碳封存技术要求封得多、封得住、封得久。然而，驱油过程中 CO_2 一次封存率仅有 40%～60%，封存效率较低。针对这一问题，胜利油田组织相关单位共同开展了产出气直接回注、混合回注和分离提纯液化回注的三种比较研究，攻克了产出气高效循环利用技术，通过多轮次循环注入，理论封存率达到 100%，实现 CO_2 "封得多"。同时，胜利油田聚焦井筒、盖层与断层等 CO_2 泄漏风险源问题，建立了井筒完整性、盖层密封性、断层稳定性的评价方法,制定了注气压力控制标准,实现 CO_2"封得住"。此外,胜利油田还研发了高精度 CO_2 驱油与封存测试工艺、CO_2 前缘预测方法,明晰了 CO_2 在地层中的运移规律,构建了 CO_2 安全监测技术,实现 CO_2"封得久"。

(二)借助百万吨级 CCUS 示范项目实现产业落地

实现三个核心技术的突破后,胜利油田开始推动产业化落地,这主要是借助百万吨级 CCUS 示范项目。事实上,这也是中国企业常用的一种方式:先突破,后示范,再大规模推广。然而,产业化推广并不容易,因为涉及产业链上大量相关主体,中石化胜利油田采用了上下游一体化共赢的发展模式,加快 CCUS 项目的落地。

CCUS 全产业链主要包括碳捕集、输送、驱油利用与封存等关键环节,中石化胜利油田首先联合各单位共同编制建设运营规划,确定产业化技术路径。

在捕集工艺选择上,项目优选浓度较高的齐鲁石化煤制氢尾气气源,应用自主研发的低温精馏捕集工艺,解决了低成本碳源问题;

在输送方式选择上,项目先期运用国内成熟的 LNG 罐车运输技术,同时加快推进国内首条百公里级 CO_2 长输管道建设;

在驱油与封存阵地选择上,选取高 89- 樊 142 地区作为驱油封存阵地,制定出采收率最高、CO_2 封存量最大的油藏工程方案,覆盖石油地质储量 2562 万吨,年注入能力 100 万吨、年均增油 20 万吨以上、提高采收率 11.6%,预计 15 年累计封存 CO_2 1068 万吨,增油 296.5 万吨;

在优化集油回注方案上,项目的 CO_2 驱采出液实现全程密闭集输与处理,处理后的水、气重新回注地层实现循环封存;

在封存安全监测上,项目构建"三途径"(在线、走航、人工)、"三层次"(空中、地面、地下)、"三介质"(气体、液体、固体)监测体系,确保CO_2长期安全封存。

随后,中石化胜利油田通过技术合作、成果转化等措施,与各方构建高端装备制造、区域利用封存等产业集群。

在淄博市建立了以博山泵业为代表的高端注入装备制造基地;

在东营市建立了以胜机石油装备公司为代表的CO_2驱井筒工艺及集油处理装备制造基地;

在胜利油田东部油区,吸引外部企业北京汇智中科公司在东营市投资建设碳捕集工厂,建成十万吨级碳捕集利用项目;

在胜利油田西部油区,与齐鲁石化重点建设CO_2输送基础设施,在国内首条百公里级长输管道上预留多个管汇接口,与周边排放企业共享输送网络,形成多个CO_2输送枢纽;

在胜利油田北部油区,与东营市大明热力公司建成十万吨级CCUS产业集群,打造低浓度捕集工艺应用及副产品(N_2)工业化应用新模式。

最后,产业化落地,实施"驱油增油"工程。

项目团队与美国Austin大学、Colorado矿业学院开展技术交流,赴多家兄弟油田调研,在对标优化基础上深化地应力和储层连通性研究,做实CO_2驱油实施方案。比如,综合考虑油藏地质特点、开发阶段和气窜井预判等因素,项目采用"一井一策、一块一法"。2008年以来,中石化胜利油田先后在滩坝砂、浊积岩、砂砾岩等不同类型低渗透油藏开展CCUS先导试验项目和推广应用项目,覆盖地质储量3655万吨,增加可采储量365万吨,累计注入CO_2 64万吨,提高采收率10个百分点,累计增油11万吨,新增利润2.5亿元。

（三）CCUS 从"0"到"1"的巨大价值实现

任何一项原创技术的突破及其产业化，都会给企业带来巨大的价值。中石化胜利油田的国内首个百万吨级 CCUS 项目的建设与产业化运营管理，攻克了一批原创性、引领性技术，开创多个国内领先新纪录。

首创的高压混相驱油与封存技术，实现了低渗油藏高效开发与碳封存，具备国际领先水平；

研发的国内首台套高效密闭地面注入装备和大输量 CO_2 管道输送离心泵，打破了国外技术垄断；

率先完成的《二氧化碳驱油封存项目碳减排量核算技术规范》《石油库碳排放核算和碳中和核定技术规范》两项重点省级地方标准，填补了国内这类标准的空白，为 CCUS 产业化发展和新旧动能转换提供了标准支撑；

首次将 CO_2 作为产品进行财务核算，推动了 CCUS 项目价值提升。

2022 年 8 月 25 日，国家能源局在胜利油田举行了"百万吨 CCUS 示范工程投产暨国内首条百公里级 CO_2 长输管道开工"仪式，标志着我国 CCUS 产业步入商业化运营，年封存二氧化碳 100 万吨、年增油 20 万吨以上、新增产值约 5 亿元，其中 2021 年增油 3.4 万吨、新增利润 5312 万元。

赶超老技术：产品开发高端升级

现实中，有能力开辟新的技术路线、突破技术原理实现高端化升级的企业毕竟是少数。更多企业采用另一种方式，即通过在产品开发层面提升性能、等级和更高质量实现产品高端升级。这种方式虽然不需要开辟新的技术路线或实现新的原理突破，但仍需要进行产品研发层面的技术突破，对企业的能力要求依然很高。比如，青岛赛轮研制推出的"液体黄金"绿色轮胎，不仅名字吸引人，产品性能更是高端化的代表，位居全球行业前列。

【青岛赛轮：从普通轮胎到绿色轮胎的高端化升级】

轮胎行业发展了上百年，从传统高能耗、重污染的制造工艺向绿色化转型成为大势所趋，代表产品就是绿色轮胎。绿色轮胎因其低滚动阻力、低燃油消耗、出色的操纵稳定性、更短的制动距离、更好的耐磨性、可多次翻新等突出的产品特性，成为国际橡胶轮胎行业发展的主要方向。其中，提升绿色轮胎的耐磨性、节油降耗、使用新型材料等成为要突破的产品开发核心技术环节。

为实现绿色轮胎性能的显著提升并实现产业化，青岛赛轮从基础研究开始，通过产业孵化、应用研究及协同创新体系的深耕细作，打造了完整的产业链，开发出性能优异的系列绿色高端轮胎，实现了高端化升级。

下面就来看看青岛赛轮的大手笔创新做法。

（一）投入巨资成立研究院，开展绿色轮胎性能基础研究

青岛赛轮很早就意识到，我国轮胎企业通常是从产业端做起的，缺乏基础研究而难以成为行业的引领者。为此，公司从成立之初便设立了基础研究部和材料开发部，开展橡胶科学领域的颠覆式创新研发活动。

这就是一家民营轮胎企业的创新雄心和根基。

2013年1月，青岛赛轮做出了一个更大胆的举动：投入巨资整合全行业资源，成立怡维怡橡胶研究院，旨在突破关键核心技术、提升基础创新能力。怡维怡橡胶研究院引进国际著名橡胶专家王梦蛟博士任首席科学家，搭建了一支两百多人的高水平研发团队，实验室面积3万平方米、设备原值超2亿元，成为我国橡胶行业建设水平最高、仪器设备最全、服务范围最广、服务功能最强的科研机构之一。

有了这样的硬件条件和顶尖团队，怡维怡橡胶研究院在探索橡胶基础理论"无人区"方面做了三方面的原创尝试。

一是在国际上首次系统建立了完整的聚合物与填料相互作用及填充橡胶动态性能理论体系，为橡胶材料加工技术和绿色轮胎理论发展奠定了基础；

二是重点研究突破橡胶的动态性能、摩擦、磨耗、抗撕裂性能等关键技术指标，为轮胎及工业橡胶制品的开发提供坚实的理论支撑；

三是突破传统理论下轮胎耐磨性能、滚动阻力、抗湿滑性能不能

同时改善的"魔鬼三角"定律,被业界认为是橡胶工业第四个里程碑式的技术创新。

所有这些基础研究的努力,就是为了让绿色轮胎的性能指标有显著提升,实现向高端化升级的目标。在基础研究取得进展后,青岛赛轮针对国内关键技术的缺口,从材料、工艺、装备方面逐个突破,以实现产业化落地。

(二)开展高性能橡胶材料研究,突破技术瓶颈

材料是绿色轮胎制造的基石。青岛赛轮针对国外对关键橡胶新材料的制约和国内关键技术缺口,先后设立益凯新材料公司、抚顺伊科思新材料公司等应用研究创新中心,突破材料关键技术瓶颈。

在高性能橡胶材料方面,青岛赛轮自主开发多种橡胶基础材料制备技术并实现产业化,建成国内首套乙腈法碳五分离联产异戊橡胶装置、国际首创合成橡胶化学炼胶生产线,实现高性能异戊橡胶、"液体黄金"橡胶材料等关键材料的产业化,填补了国内行业空白。

在工艺技术方面,青岛赛轮突破了轮胎工厂数字孪生同步技术、复杂装备作业流程仿真技术、粘弹性物料生产的智能控制技术、工艺装备健康管理技术及工厂智能物流规划等关键核心技术,形成具备自主知识产权的轮胎智能制造技术体系。

(三)研制关键装备破解进口依赖,大幅提升量产能力

绿色轮胎的高质量生产需要关键生产装备,原来我国大量依赖进口,导致装备制造能力较弱。针对这一情况,公司采取了两个措施:一是成立软控研究院及欧洲研发中心展开技术攻关;二是主导成立了中国轮胎智能制造与标准化联盟并担任理事长单位,主持制定系列橡

胶轮胎行业智能制造的国家标准。通过以上举措，公司在橡胶智能装备领域取得多项突破性技术成果，填补国内行业空白。

一是成功研制了 PS2A 轿车子午线轮胎智能成型装备、TPRO-S 卡客车子午线轮胎智能成型装备等轮胎制造核心装备，解决了高端重大关键橡胶机械装备对外依赖度高的难题；

二是全球首发 FAR20-S 全自动小料全球标准机型及橡胶行业首套专属软件产品 MCC3.0、ROC 智能橡胶装备研发平台、MESIIC 工业互联网平台等；

三是在国内首个成功开发了轮胎智能工厂整体解决方案。

打通了上述装备及关键技术的堵点后，青岛赛轮在各创新主体的协作下，大幅提升量产能力，使原来投资 8 亿元仅可建设 30 万套全钢子午胎的规模提升至 120 万套，并可面向行业提供多项轮胎工厂"交钥匙工程"，大大降低了行业的投资和技术门槛。

（四）打造橡胶轮胎现代化产业链条，推动产业化落地

青岛赛轮创始人深知传统研究脱离产业实践的弊端，因此从公司诞生之初就致力于打通创新链和产业链，通过科研项目直接投产、产业生态孵化、海内外产能布局方式，探索出一条从基础研究到产业落地的全产业链模式。

不得不说，这样的"一条龙"式科技成果转化及产业化路径，是无数企业梦寐以求的。但往往理想很美好、现实很骨感，太多企业被卡在创新死亡谷的洼地。青岛赛轮在实践中摸索了一系列有价值的做法。

首先，青岛赛轮设立了双委员会作为决策机制。

专家技术委员会和项目投资委员会作为主要决策机构，以技术为

核心、以市场为导向，对科研项目进行严格论证。对获得立项的项目提供人才、资本、技术支持等多种保障，对成熟的项目提供产业化基金支持，形成从科研项目的实验室研发到工程成果转化再到产业化生产的企业创新链条。

其次，青岛赛轮搭建了橡链谷成果转化孵化平台。

公司联合中国橡胶工业协会和青岛市市北区政府，发起成立了国家级化工企业孵化器——橡链谷，采取"互联网＋校区＋园区＋产业平台"的发展模式，通过搭建产业共性技术服务平台、创业孵化服务平台、一站式知识产权专业服务平台、国际合作服务平台，解决产业孵化中的各种问题。

不得不说，由一家企业搭建一个产业共性孵化平台，颇有眼光。利用该孵化平台，青岛赛轮以较低成本吸引了本地大量上下游企业入驻，形成化工橡胶产业集群。这个平台为行业中小企业提供技术研发、资质提升、创业投资等服务；基于国际化工橡胶专利数据库、轮胎花纹外观专利数据库等，提升知识产权实际使用率；面向东南亚、俄罗斯等具备橡胶产业优势的区域自建国际合作服务平台，实现跨境合作办学，帮助行业企业"走出去"投资建厂，引进海外优势技术与人才等。可谓一个孵化平台撬动产业服务生态。

最后，青岛赛轮布局了全球现代化产业链条。

青岛赛轮在布局海外生产基地时，充分考虑了产业链和供应链安全问题、形成了具有韧性的现代化产业链条。

一是搭建了以中国、斯洛伐克为中心的全球研发体系，辐射全球60多个国家和地区；

二是在越南建设了我国首个海外轮胎制造工厂；2019年与美国轮胎企业在越南合资共建ACTR智能化轮胎工厂；

三是持续建设越南工厂三期、柬埔寨工厂，并积极谋划在美洲、欧洲、非洲建厂，实现属地生产、属地销售、属地服务。

在国内，青岛赛轮凭借以"液体黄金"新材料为核心，以"橡链云"为产业链整合手段，在沈阳、东营分别进行了二期项目扩产，产能实现翻番。

（五）青岛赛轮绿色轮胎高端化升级的成效

持续坚韧的付出，总会收获成功。

青岛赛轮通过绿色轮胎的基础研究和应用研究，实现产品升级和性能改进，成功进入高端市场。青岛赛轮自主研发的"液体黄金"轮胎产品，从原材料选用、生产制造、产品使用和循环再利用的全生命周期内突破性地实现了绿色、低碳和可持续发展，成效显著。

在材料方面，采用可再生的"非化石"原材料，使用"绿色一体化"工艺制备高性能橡胶新材料，大幅降低能耗；

在轮胎生产制造阶段，全球首创"化学炼胶"技术工艺取代传统"物理炼胶"工艺，炼胶工序能耗降低45%，平均生产1条轿车轮胎可降低能耗36%；

在轮胎使用方面，"液体黄金"轿车轮胎的耐磨指标提升20%以上，滚动阻力降低30%以上，80千米时速下湿地刹车距离较现有C级轮胎缩短7米，达世界领先水平；

在污染排放方面，绿色轮胎耐磨性能的提升，可降低细粒子物质向大气的排放，还可有效减少废旧轮胎产生，从而缓解"黑色污染"问题。

成功的背后必有原因。青岛赛轮在通过绿色轮胎开发实现高端化升级的过程中，关于技术创新链和产业链关系，以及如何真正做到产业链自主可控的做法值得深究，更值得每位企业家深思。

青岛赛轮的领导层这样看待技术创新链和产业链的关系：技术创新链是轴心，它统一管理和领导产业链条，规避无序竞争和资源重复浪费；同时，沿着橡胶轮胎产业链上下拓展，构建起一条从橡胶原材料生产、装备制造、软件研发直至轮胎生产、技术输出再到国内外市场销售终端渠道的橡胶轮胎全产业链，用强大的产业孵化和协同创新能力真正实现产业链自主可控和高质量发展。其中，产业孵化能力的提升对青岛赛轮异常重要，只有具备了源头创新能力才有可能在工程化和产业化环节放大；协同创新能力则保证了产业孵化的成果能真正落地、形成产业化。因此，产业孵化能力和协同创新能力对实现产业链自主可控缺一不可。大量企业要么缺孵化，要么少协同，导致无法实现真正意义上的产业链自主可控。

新研发手段：数字化实现弯道超车

长期以来人们有个固有观念，认为中国企业研发产出不足、创新效果不好，是因为研发投入占企业销售额比重过低导致的，最初我也深信不疑。然而，一次企业调研的经历让我对此产生了怀疑。一家科技型国企的CFO讲了一番话很耐人寻味："我们一开始也认为自己研发投入过低影响了创新产出，那就每年加大研发投入，后来研发投入占比到了15.9%，比重很高了吧？但到年底统计时发现研发产出跟以前没什么区别，效果不明显。"

问题出在哪儿？恐怕不能再甩锅给研发投入占比了。事实上，这种情况很普遍。根据我们对大量研发高投入企业的观察分析，研发活动是否出成果，关键取决于两个方面：一看研发投入，二看研发方式。研发投入虽然提高，但如果研发方式不跟进，就只开花不结果。换句话说，研发投入是必需的，但研发方式更像催化剂，会推动真金白银变成创新产出。只有研发方式改进了，研发效率才会提升，研发质量才会变好，大规模的创新投入才能真正发挥作用。

一些领先企业已经认识到这点，便从采用新研发技术、建立新型研发方式入手进行高端化升级。当数字化工具被深度应用于研发过程时，往往会让企业在较短时间内找到攻克"卡脖子"技术瓶颈的有效方法。下面来看两个典型案例，一个是通过数字化研发方法应用实现新材料开发技术突破的南京玻纤院，另一个是通过开发国产软件突破商用发动机正向研发设计瓶颈的中国航发商发。从中我们会发现数字化研发这种新型研发方式的巨大威力和超乎想象的潜力，它直接缩短了研发周期、大幅提升了研发精准度。

【南京玻纤院：数据密集型的正向研发高端突破】

南京玻纤院成立于1964年，隶属于中国建材集团，是我国唯一从事玻璃纤维及其制品研究、设计、制造和测试评价"四位一体"的综合性科研院所。事实上，南京玻纤院面临的问题也是很多科技型企业面临的共性问题，而它的解决之道也有着共同的借鉴之处。

（一）直面传统研发模式的困难和技术瓶颈

南京玻纤院的科研力量堪称国内领先，拥有中国工程院院士1名、国家杰出工程师2名，以及包括国家新材料测试评价平台—复合材料行业中心、三个全国标准化技术委员会（碳纤维、玻璃纤维、绝热材料）在内的10个国家级、9个行业级、12个省级创新服务平台。然而，即便有这样雄厚的实力，南京玻纤院在研发过程中依然遇到了三个难题。

第一个难题是传统玻璃纤维新材料研制模式落后、效率低下。传统模式受限于材料性能和成型工艺集成设计的难点，需要基于自身经验进行反复迭代的"试错—纠错"，导致一款牌号玻璃纤维的研发周期平均需要5～10年，高端领域应用的特种玻纤研发周期甚至可达到15年以上。

第二个难题是遭遇研发的"卡脖子"数据库封锁。2020年，由于中美关系紧张，涵盖36万种玻璃性能数据的国际最大玻璃材料数据库美国 Sci Glass7.7 停止向中国大陆地区开放，这对南京玻纤院形成严重的"卡脖子"数据瓶颈，也让院领导意识到，在数据爆炸时代企业必须具备新的产品设计与开发方法，这对一向以经验指导生产的企业来说尤为重要。

第三个难题是必须找到从低端迈向高端的方法。我国是玻璃纤维制造大国，玻璃纤维年产量约占全球产量的65%，但其中80%以上是中低端产品，规格也只有国外的50%左右。南京玻纤院通过深入调研 Citrine Informatics（CI）、Dassault Systemes（达索）、Lanxess（朗盛）、Digital Reasoning、Wave Computing、Prospection 等国际一流企业运用大数据、人工智能和机器学习方法开展材料设计的情况，对比自身差距，最终认识到必须通过数据驱动的研发方式变革推动企业高端化升级。这便有了下面的故事。

（二）大变革：引入全新的数据驱动正向研发方式

下定决心变革后，南京玻纤院采用了一套正向"组合拳"的方式来推进数字化研发技术在玻璃纤维材料研发中的深度应用。正向的数字化研发方式突破，是指通过数字化研制模式和手段的创新，实现对关键核心技术的突破。这种模式没有诞生新的技术路线，但新型研制手段的应用会大大加速对玻璃纤维关键核心技术的突破。让我们来看看南京玻纤院的这套数据驱动"组合拳"是怎么实现对玻璃纤维材料新成分的正向研发突破的。

首先，构建高通量计算模型，优选高价值配方。

2011年，美国正式发布提升其全球竞争力的材料基因组计划

（Materials Genome Initiative，MGI），提出通过整合材料计算、高通量实验和数据库，全面提高先进材料从发现到应用的速度。材料基因组技术融合了计算与大数据分析技术，使产品的设计和开发更加科学和迅速，让玻璃元素—结构—性能计算与预测成为可能，而这正是南京玻纤院所需要的动力源泉和创新路径。

为此，南京玻纤院研发了基于数据驱动的玻璃纤维成分—工艺—性能的高效计算方法，形成"高通量计算方法、玻璃纤维数据库平台、多参量多目标集成设计"三大核心研发能力。

例如，针对高性能玻璃纤维材料研制的共性问题，南京玻纤院材料基因团队通过分子模拟和机器学习方法，针对玻璃材料的复杂物理机制，建立玻璃纤维化学元素—结构—工艺—性能的统计映射关系与定量模型，探寻材料结构和性能之间的构效关系（见图3-2）。这套方法从应用需求出发，倒推符合相应功能的玻璃纤维材料成分和结构，快速设计出满足特定功能的玻璃纤维新材料，拓展了材料成分的筛选范围。高通量计算软件单次产生的高价值配方数大于5000条，真正实现了新材料研发由"试错法"向"理论预测、实验验证"模式的转变，提升了配方设计筛选效率，大幅缩短研发周期。

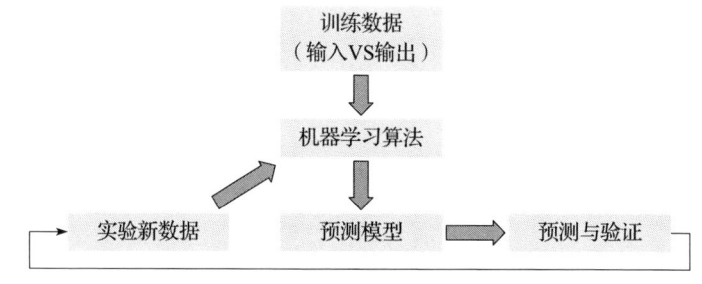

图3-2 南京玻纤院基于机器学习的高性能玻璃纤维开发设计方法

其次，发挥自身数据积累优势，搭建"多源异构"数据库平台。

材料基因技术的关键在于数据驱动,有没有数据是硬杠杠。南京玻纤院有一个独特优势,就是它具备世界一流的玻璃纤维研发条件,多年来在设计和开发过程中积累了大量有关玻璃纤维配方、性能和生产工艺的高质量试验测试数据。正是因为拥有这样的数据基础,南京玻纤院才有条件构建数据库,进而运用数字化研发手段实现突破和高端化升级。

通过对海量历史数据的收集整理,南京玻纤院材料基因团队开始建设高性能玻璃纤维多源异构数据库平台,实现了关键产品性能和工艺参数的多模态数据融合和交互。截至2022年,以材料基因研究为基础开发的玻璃纤维数据库平台收录了25万条有关玻璃组分和性能的数据,覆盖商业化应用的玻璃纤维全部性能,彻底打破了国外数据封锁。

再次,利用多目标优化技术,开发智能设计方法。

当然,只有数据还不够。玻璃纤维的关键性能和成型工艺之间存在复杂的耦合关系,传统计算方法只针对单一性能目标建立计算模型,无法实现对多种目标性能和工艺参数的集成设计。如何通过选择合理的集成策略,对多目标复杂变量进行数据处理,实现根据目标性能反向预测化学元素及其含量,是玻璃纤维新材料多目标性能优化和反向设计的重要问题。南京玻纤院开始寻找外部力量,通过与国内材料基因技术顶尖高校如北京科技大学、重庆大学、上海交通大学合作,将前沿技术与玻璃纤维的设计相结合,实现了满足多种目标性能和工艺、成本兼顾的高性能玻璃纤维配方开发。

最后,开展工程化试制,打通基于一流试验平台的工艺路线。

有了数据和设计方法后,下一步就是试制落地,南京玻纤院干了三件事。

一是搭建工程化试制平台。南京玻纤院借助特种玻璃纤维国家重点实验室和多个平台项目的建设，组建特种玻璃纤维研发与小试、中试试验开放平台，开展高性能玻璃纤维拉丝工艺性能的工程化试制。

二是开展试制验证。南京玻纤院材料基因团队通过与内部特种纤维公司合作，首次通过计算开发出的具有国际领先水平的高比模量玻璃纤维配方得到了工程化验证，玻璃纤维的模量突破95GPa，比模量为3.77，优于目前大规模应用的玻璃纤维产品，具有极好的成本优势，具有一定的商业化应用价值。

三是打通工艺路线。为了让玻璃纤维产品商业化真正落地，南京玻纤院还集成相关技术，构建了特种玻璃纤维"一步法"制造平台，进一步打通了工艺路线，解决多品种高强玻璃纤维柔性制造难题，实现特种玻璃纤维工艺与应用性能的良好匹配。"一步法"技术的成功应用大幅提升了高强玻璃纤维生产效率，实现了系列化高强玻璃纤维的短流程、高效率、高质量制造。图3-3为南京玻纤院数据驱动的高性能玻纤材料正向研发闭环。

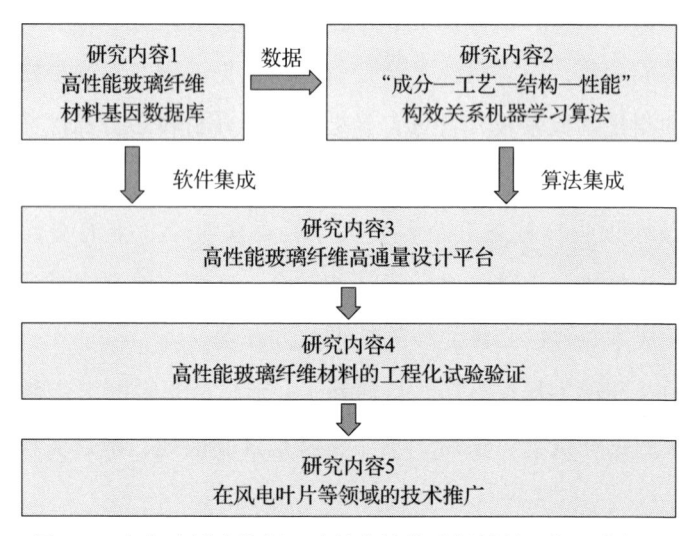

图3-3　南京玻纤院数据驱动的高性能玻纤材料正向研发闭环

(三) 大调整：适应数据驱动新型研发模式的组织架构优化

技术瓶颈的突破是第一步，要实现数字化研发方式的高效落地和产业化应用，必须进行组织架构调整，为此南京玻纤院进行了两方面的尝试。

一是构建适应大数据驱动新型研发模式的创新载体。

南京玻纤院于2016年8月建立高性能纤维及复合材料产业创新中心，采用扁平化管理架构（见图3-4），中心主任由院领导兼任，确保顶层设计与战略推进；中心内设专职办公室，负责创新项目的引入、过程服务及转化，同时负责创新生态建设；下设多个专业化团队，团队运营需要的科技、人事、财务、法务等职能服务由院各职能部门设专人与团队对接；搭建科学技术与投融资两个专家委员会，参与重大决策咨询，参与创新团队的引入评审，以及创新过程中重大项目的论证、立项、评审、验收。专业化产业创新载体的设置，让南京玻纤院迈出了从前沿技术研究到工程化应用的关键一步。

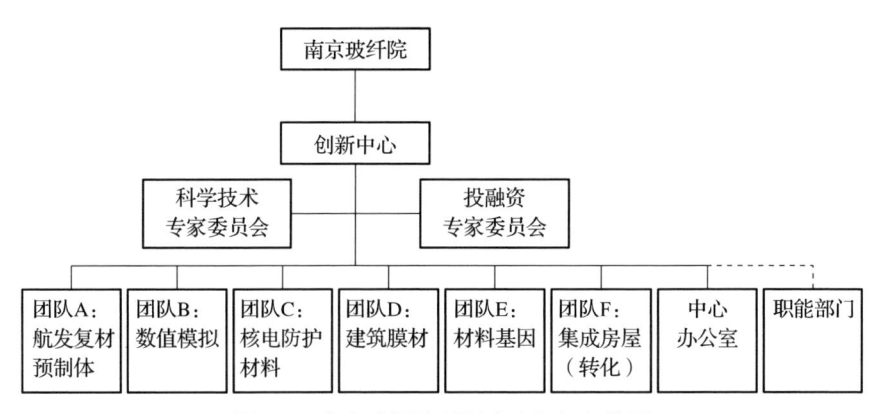

图 3-4 南京玻纤院创新中心组织架构图

二是组建国际合作团队，开展路径探索和方法研究。

从 2016 年到 2020 年，南京玻纤院先后与美国密歇根大学、美国 SUM Technology 公司、荷兰赛先公司等在材料基因技术方面开展了科研攻关合作，探讨材料基因技术在开发高性能玻璃纤维方面的可行性。该阶段的合作颇有成效，比如突破了玻璃纤维的密度、模量关键性能的计算预测，研究成果发表在 2018 年的国内核心期刊《硅酸盐学报》和 2020 年的国际顶级期刊 npj Computational Materials 上，为后续的工程化落地奠定了重要基础。

2020 年，南京玻纤院创新中心成立材料基因创新团队，建设数据驱动材料研发的自主平台。随后联合来自北美的两个团队——美国大陆地公司、密歇根大学——共同组建了具有国际竞争力的材料基因创新团队。在第一阶段研究的基础上，团队将材料基因技术与高性能玻璃纤维的研发设计相结合，解决了玻璃配方优化设计、玻璃熔制均匀性、纤维成形稳定性、表面处理适用性等工程实际问题，同时开展了高模量、低介电玻璃纤维材料基因研究工作。

基于数据驱动的新型研发方式应用，南京玻纤院在国际上首次将材料基因技术与玻璃纤维研发设计及生产工艺相结合，填补了高性能玻璃纤维领域的研发空白，开发了玻璃纤维成分设计的高通量计算软件系统，推动高性能玻璃纤维研发周期从 10～15 年缩短至 3～5 年，研发效率大幅提升，突破了关键材料的"卡脖子"瓶颈，成功实现了高端化升级。基于数据驱动贯通技术链与产业链，如图 3-5 所示。

南京玻纤院走的是一条通过数据驱动的新型研发手段突破新材料技术瓶颈实现高端化升级的路径，而位于上海的中国航发商发则遵循了通过自主研发工业软件突破技术瓶颈的高端化升级路径。下面来看看这家企业的做法有哪些可借鉴之处。

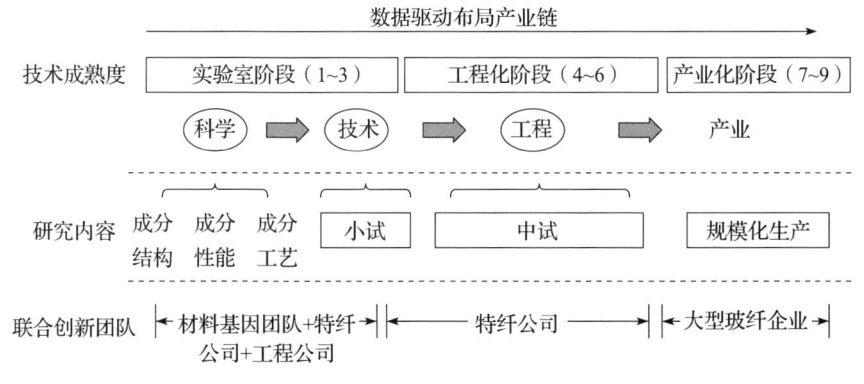

第三章 | 有了自主技术突破，才有高端化的一切 |

图 3-5 基于数据驱动贯通技术链与产业链

【中国航发商发：基于自主工业软件的新型数字化研发高端化路径】

中国航发商发成立于 2009 年，是由中国航空发动机集团有限公司与上海烟草、上海电气、上海国盛共同出资组建的股份多元化企业，位于上海市闵行区，注册资本 60 亿元。中国航发商发负责发展中国大涵道比商用飞机发动机，产品规划涵盖窄体客机发动机、宽体客机发动机和支线客机发动机三个产品系列。

航空发动机的技术难度极大，欧美等发达国家平均一个型号的研制时间都需要 20～30 年，经费约为 15 亿～30 亿美元。长期以来，世界上仅有少数国家具备独立研制航空发动机的能力，相关技术和资源被欧美航空强国严格管控。为突破欧美国家的技术封锁，2016 年我国专门推出"两机专项"，旨在突破大型客机发动机、先进直升机发动机、重型燃气轮机的产品研制。在航空发动机的整个研制体系中，核心设计软件恰恰是亟待突破的关键瓶颈之一。

中国航发商发在对如何突破航空发动机的研制瓶颈进行深入研究和分析后认为：必须变革传统研发模式，建立一套新型正向、自主设计的数字化研发体系，其中自主软件开发是关键。

为什么中国航发商发有这样的认识？

一是从设计角度看自主软件的作用。商用航空发动机是一种高度市场化产品，必须在产品设计、优化和制造等生命周期过程中充分考虑客户需求，要建立需求—功能—逻辑—物理的正向研发框架，保证对客户和市场动态需求的完整捕获，其中核心设计软件发挥了关键作用。

二是从研制模式角度看自主软件的价值。传统的航空发动机研制通常依靠物理试验暴露设计问题，采用反复迭代的串行研制模式，周期长、耗资大、风险高。要实现从"传统设计"到"预测设计"的模式变革，数字化仿真技术是最合适的工具，而高保真仿真技术背后的载体就是自主软件。

三是从国家战略安全角度看自主软件的重大意义。国产航空发动机的核心设计分析软件大量依赖进口，其中封装的数学模型、工程数据、经验诀窍都成为中方不可获知的"黑盒"。此外，国外航空发动机研制巨头的核心设计软件几乎都采用自主开发的 in-house 软件。因此，具有独立自主知识产权的工业软件是逐步赶上国际先进航空发动机公司设计研发水平的必要条件。

综上所述，不论从哪方面考虑，中国航发商发都必须开发自主的航空发动机核心设计、仿真分析软件。正是基于这样的认识，中国航发商发用"四步走"开展国产自主工业软件的开发和应用。

第一步：确立以自主工业软件为载体的数字孪生体系应用思路。

中国航发商发明确了通过打造数字孪生体系、提升商用航空发动机核心研发能力的思路，包括三个关键点：一是构建高保真、高精度模型，提升模型置信度，实现对物理产品的真正可预测和可分析；二是基于工程数据积累，自主开发航空发动机设计核心的设计分析软件，清晰掌握底层机理；三是基于自主工业软件构建四类数字样机，形成数字孪生体系。

第二步：识别 2000 个典型场景，形成 300 多项仿真技术能力。

开展仿真技术的前提，一是识别应用场景，二是进行模型验证，三是提升算力。

首先，中国航发商发从运营阶段、内外部环境、发动机状态（模式）三个维度识别出超过 2000 个典型的场景，针对每个场景识别发动机的产品需求。

其次，中国航发商发从产品研制全生命周期、产品层级和专业学科三个维度建立了 300 多项仿真技术能力，形成了 193 项仿真工作流程和标准，覆盖航空发动机关键部件与系统。为提升仿真模型的精度，中国航发商发开展了仿真模型的验证与确认，依托与 20 多个高校的联合创新中心、联合实验室共同开展底层机理模型的试验验证工作，经过验证的高保真模型可直接用于设计验证。

最后，为有效支撑高精度、高保真的大规模仿真能力，中国航发商发建成了行业内一流的高性能计算条件。比如，中国航发商发自主研发的燃烧数值模拟软件已经在超级计算机上完成了代码重构与重编译，实现了高保真计算和 10 亿级网格全环真实构型燃烧室的燃烧大涡模拟仿真，成为国内计算能力最强的燃烧模拟工程计算平台。

第三步：开发支撑数字孪生的系列自主工业软件。

开发系统自主工业软件，必须遵循一定的标准。中国航发商发基于 CMMI 2.0 标准模型，对工业软件开发过程涉及的 19 个核心实践域进行解析，建立了完整的工业软件成熟度管理体系规范自主软件开发过程。随后，针对气动、结构、传热等13个航空发动机设计研发核心专业，中国航发商发通过自主开发或合作开发形成了117款自主软件。

工业软件的开发需要一个漫长过程，下面以两款商用航空发动机核心大型CFD（计算流程力学）软件的开发加以说明。

CFD软件开发是一项复杂的系统工程，一款推向市场的成熟CFD软件（如CFX、FLUENT等）的开发周期通常在10年左右。为摆脱国外商业软件引起的"卡脖子"问题，中国航发商发在软件定义设计、软件定义制造的数字化背景下，从计算流体力学基础理论出发，根据描述发动机内流动的控制方程在不同部件区域表现出来的不一样的数学性质，在较短时间内设计研发了两款大型CFD三维计算分析软件，一是A软件，二是B软件。

A软件代码规模达到百万行，基本上可以满足压气机部和涡轮部型号设计中气动设计计算的所有功能需求，在性能上不弱于商业软件，技术成熟度达到5级。

B软件已经基于大量基础算例及工程算例开展了详细的验证计算，具备开展燃烧室复杂结构内流动、喷雾、蒸发和燃烧过程的大规模并行计算的能力，技术成熟度达到5级。

第四步：开发商用航空发动机四类数字样机。

基于形成的一系列工业软件，中国航发商发开发出四类数字样机：概念样机、工程样机、工艺样机和数字化运维样机。这四类样机可以随时优化更新各阶段的数字模型形态。其中，概念样机包含飞发一体化仿真、发动机需求模型、发动机功能逻辑模型等，用来评估子系统指标和子系统间的性能耦合；工程样机能反映各功能子系统的空间位置、零部件构型、尺寸、几何约束关系及产品装配与配合关系等信息；工艺样机用来确保产品设计方案有效地转化为产品实物，减少人为因素造成的生产故障；数字化运维样机则基于客户服务场景，旨在形成基于模型的运行支持系统和客户服务能力。这一切的实现都离不开自主工业软件的开发和应用。

通过自主工业软件的开发，截至2020年，中国航发商发初步形成了基于自主设计的航空发动机数字化研发体系，取得了一系列令人振奋的进展。

第一，形成研发流程129项、工作指导书1127项、标准1479项、自主工业软件117款，建成覆盖航空发动机产品研制全生命周期研制需求的303项仿真技术，初步具备支撑航空发动机工业体系的能力。

第二，三维气动设计软件已覆盖商用航空发动机部件及子系统等专业学科的仿真计算，经工程算例验证、性能评估及专家评审，已纳入软件许用库。

第三，A软件能为风扇增压机、压气机和涡轮等专业设计人员提供与世界先进航空发动机主制造商相近水平的三维气动设计分析和优化工具。

第四，2020年，自主工业软件已具备商用航空发动机设计32个CFD计算场景共34份工作指导的商业软件全面替代能力，可替代率达到60%。2022年商业软件的可替代率达80%，对比当前的商用软件使用情况，可节省经济成本数千万元，有效规避了国外在大型航空计算技术方面的出口限制的风险。

第四章

扼住制造的喉咙,高端化升级才会畅通

——突破制造工艺与装备产线瓶颈,实现高端化

中国企业高端化升级成功失败的正反面例子都反复在告诉我们一个容易让大家忽略的事实：很多企业的创新和高端化升级不是败在前端研发和实验环节，而是卡在工程化阶段和规模化生产阶段。虽然中国是名副其实的制造大国，但在高端制造、尖端工艺、核心装备和自主产线设计上仍有待提升。因此，不仅基础研发和产品开发环节要突破，生产制造环节的技术瓶颈更需要突破。

本章基于对国内典型企业案例的调研，提炼出四种通过新制造实现高端升级的落地方式：一是全新产品突破可制造难点；二是已有产品掌握生产工艺诀窍；三是工程化放大环节的核心装备开发与自主产线设计；四是基于智能化升级的服务型制造新模式。下面我们来逐一呈现中国企业在这条路上的创新做法与宝贵经验。

全新产品：突破可制造难点

全新产品的可制造，是指企业在进入高端新产品领域时，虽然解决了前端基础研究和新产品开发技术环节的问题，但无法突破工程化放大和大规模工艺制造的技术难点，导致高端新产品悬在半空，无法落地。一旦突破了工程化和工艺制造技术的瓶颈，企业就能打通整个创新链，从而顺利进入高端市场。

智新迁安就是在从普通电工钢升级到为新能源汽车和家电企业提供高端电工钢时，遇到了工艺制造技术难题，尤其是规模化量产的稳定性和高效性问题。看完这个案例我们会发现，在企业的高端化进程中险滩无处不在，工程化放大和工艺制造技术是一个看似简单实则非常复杂的难题，有时甚至比前端基础研发的突破更难。下面就来看看智新迁安是怎样从一个普通电工钢企业升级到为头部新能源企业提供高端电机用钢，是如何做到全国每两台高端空调压缩机中就有一台使用其"首钢芯"的。

【智新迁安：新能源汽车电工钢的制造工艺突破】

智新迁安是首钢集团下属的三级子公司。2005年首钢集团成立电工钢联合研发平台，2008年开始建设电工钢产线，2018年3月以北京首钢股份有限公司硅钢事业部为主体成立了独立运营电工钢产品的首钢智新电磁公司。智新迁安现在已发展成为全球第二大电工钢供应商及制造基地，其研制的高端电工钢产品被广泛应用于超特高压变压器、节能配电变压器、新能源汽车、大中小及微特电机等领域。

智新迁安电工钢的高端化进程，历经以用户为中心的技术研发、高端产品开发、工艺制造技术突破、制造能力提升四个阶段，我们重点分析其中的工艺制造技术突破和制造能力提升阶段，这是关键中的关键。

第一阶段：以用户为中心的前期技术研发。

高端电工钢具有很强的客户定制特点，挖掘用户对电工钢材料的真实需求才能精准指导产品研发方向，这是智新迁安进行高端化升级的第一步。

第一，智新迁安建设了电工钢用户技术实验室，研究选材、制造、测试过程中各种参数对电机性能的影响规律。

为什么要做这件事？事实上，这是一个"从应用需求到技术指标"的转换过程，用来解决客户产品需求不明的问题。比如，智新迁安结合不同类型电机的电磁仿真分析和台架测试分析，将不同类型电机的应用需求转化为对电工钢材料的性能要求，明确了不同类型电机的核心运行要求和电工钢产品开发指标，保证产品对不同用户、不同加工方式的适用性。

第二，智新迁安筹建了行业内第一个通过 CNAS（中国合格评定国家认可委员会）认可的新能源汽车电机应用及测试平台，配备先进的样品机加工及测试设备，多次为重点汽车用户进行从电工钢片到电机的整体加工测试和整机测试，大大缩短了用户的新产品认证进程并拉近了与用户的距离。同时，智新迁安还搭建变压器铁芯模拟实验室，用来研究复杂工况下电工钢材料应用特性，促进取向产品在特高压变压器高端领域的应用，增强了用户对首钢材料的使用黏性。

以新能源电工钢产品在××车企的用户推进为例。针对高转速下电机噪声大、固有频率偏低的问题，智新迁安的技术人员深入××车企某工厂的制造现场，梳理制造工艺及加工细节，组织加工成型专业、材料学专业、电机仿真和应用专业等不同领域的专家展开持续应用技术的"会诊"，迅速找到了影响高速电机噪声问题的根源，通过材料改进、用户加工方式调整及铁心组装方式调整，解决了这一行业的共性难题，成为目前唯一掌握新能源高速电机降噪解决方案的电工钢制造企业。

第二阶段：高端产品的开发。

在掌握客户需求后，智新迁安聚焦在新能源系列产品研发、高强度高磁感产品研发、薄规格低铁损取向电工钢产品研发、极薄带产品及无底层产品研发和应用技术研究中面临的技术瓶颈，开发了一大批具有原创性与独创性和完整知识产权的核心技术，包括"高效环保变压器用高性能取向电工钢制备技术""新能源无取向电工钢产品研发技术""高牌号无取向电工钢超低同板差控制技术""无取向涂层开发技术"等，全球首发了4款取向产品和低铁损、高强度、高磁感等6款新能源系列产品。

以新能源汽车用极低铁损电工钢产品系列的开发为例，智新迁安在研究影响无取向电工钢产品铁损的主要因素后，确定了以钢质纯净度控制和组织结构优化为主要方向带动工艺制造的技术创新，解决了高合金化带来的残余元素增多、二相析出物影响大及高纯净化冶炼等难题，实现杂质元素总量≤45ppm[①]以下的国际领先水平。同时，智新迁安还从铸坯组织遗传控制、热处理和轧制的组织演变控制等角度，解决了低铁损控制极限和高合金降低磁感问题，最终实现极低铁损、高强度、高磁感产品的全球首发。该系列产品国际领先水平的磁性能和力学性能迅速打开了欧洲领军车企高端车型的应用市场。

第三阶段：工艺制造技术的创新。

高端产品的核心竞争力起源于符合用户需求的产品开发设计，落地于满足现场制造能力的工艺制造技术，这是智新迁安能否真正跃升到高端市场的关键所在。为此，智新迁安按照两种思路建立了工艺制造技术攻关团队。

一是围绕产品关键质量和工序制造流程中碰到的诸多难题，建立了多个由高层级技术职务人员牵头的专业攻关团队，包括以性能提升为主的产品研发团队、以表面质量攻关为主的起皮攻关团队和露晶气包攻关团队、以尺寸精度为主的尺寸控制团队、以涂层开发为主的涂层团队。

二是从一贯制工序角度出发，智新迁安建立前工序工艺及质量团队、热处理团队、轧机团队及剪切包装团队进行技术攻关，专管领导通过组织双周攻关例会、技术质量例会和重点用户推进会的方式，确保制造能力与产品间的融合提升，实现制造过程的高效性和经济性。

以制造成本控制为例，智新迁安采用全工序工艺制造技术创新的方式实现降本提效，做了大量工艺优化：炼钢工序真空冶炼和连铸工艺优化，热轧工序进行加热炉周期和工艺优化，冷轧工序进行热处理，抛丸酸洗工艺及轧制工艺优化。这种全工序的工艺制造技术创

---

① ppm：parts per million，百万分率。45ppm 指百万分之四十五。

新，让智新迁安大幅降低了制造成本，最终体现为产品的低成本竞争力。

第四阶段：提升制造能力，实现制造高效性和质量稳定性。

能否稳定和高效地实现批量生产制造，是另一个关键所在。智新迁安通过以下三种手段解决稳定和高效量产的难题。

手段一：推行贯穿产品生命周期的精准质量管控。

高端电工钢产品要求尺寸精度高、表面质量好、性能稳定，智新迁安通过设计精准化、制造精准化、标记系统来实现"柔性制造"。

一是顶层质量设计精准化。智新迁安通过对用户实际使用产品尺寸数据信息管理，构建产品尺寸应用数据库，基于成熟订单库，将用户尺寸需求精准转化为质量设计关键因素。这种做法在行业内首次实现按全流程工艺路线从前到后的设计顺序，自动设计生产工艺路线中各个生产机组的带钢宽度和带钢厚度，实现尺寸精准化设计要求。

二是制造过程管控精准化。智新迁安通过多方位评估轧机仪器仪表检测数据和产品的实际应用效果，开发边部厚度多点综合评估控制技术、三机架自动窜辊控制技术，基于不断的工艺试验和算法优化，实现了生产工艺改进和质量的稳步提升。

三是基于标记系统推动"柔性制造"。针对大规模、长工序电工钢生产的实际控制波动及其与个性化用户精细需求间的矛盾，智新迁安基于历史数据和经验积累，形成以工序过程技术要点集成代码为核心的标记系统。该系统能动态调整工艺路线和生产工艺，在大规模工业生产的同时实现用户的多样化需求，实现了电工钢生产的柔性制造和质量稳定性提升。

以无取向电工钢表面质量缺陷专题攻关为例，2019年年底至2020年年初，由于新能源汽车用户及部分高端家电用户对带钢表面质量标准的提高，无取向硅钢表面起皮缺陷问题急剧凸显，对用户使用和重点用户的认证推进造成极大影响。为此智新迁安专门组建了以产品研发工程师牵头，多工序工艺专业、质量专业参与的表面质量攻关团队。经过为期两年的持续攻关，探明了硅钢起皮缺陷的发生机理和工序源头，从全流程多工序进行一贯制工艺提升和管控，表面质量带出比例从2%降至小于0.5%，大幅提升了高端无取向产品在新能源汽车市场的推进效率和用户满意度。

手段二：推行极致效率管理等，保障工艺高效。

电工钢产线具有流程长、工序多、工艺窗口窄的特点，质量和效率的平衡贯穿制造过程的始终。智新迁安通过持续的制造技术创新，实现"精准质量"和"极致效率"的同步提升。以全工序极致效率的推进为例：智新迁安对炼钢连铸工艺进行持续攻关，通过冷却模式优化和浇铸流场的稳定控制，多次突破硅钢连铸拉速极限，高端产品拉速从之前的0.9m/min提升至1.2m/min。此外，对常化工序通过抛丸酸洗能力的加强和常化工艺优化多次实现提速，保证常化工序效率提升30%，制造成本降低15%。

正是持续改进制造工艺，保证了智新迁安能够在量产中实现极致效率，这也成为企业竞争力的重要来源。

手段三："设备—产线—工程"高度融合促进产能提升。

为保证基础研发、产品开发和工艺创新的落地，智新迁安又开展了设备功能提升、原有产线改造和新产线建设等产能提升工程，具体体现在以下两方面。

一是原有产线功能提升。包括退火产线的适应性改造、酸连轧机组的设备功能提升、连铸产线的冷却能力提升、热轧产线板卷箱设备改造等全流程的工序能力提升和改造。

二是新建工程项目。智新迁安新建了"高性能取向电工钢""新能源汽车材料"和"高端硅钢热处理"等工程项目,大幅提升了高端电工钢的产能。

以退火产线适应性改造为例。智新迁安通过退火炉微张力控制、气氛控制和精准再结晶温度控制等技术创新,结合退火炉炉辊和传动模式优化及开发的带钢热膨胀与炉辊转速耦合控制模型,对退火线进行适应性改造,实现了中低牌号无取向产线千万投资改造即可生产高级别无取向电工钢的行业首例,投资额降幅超过90%,高端无取向电工钢产能提升40%。

一系列的举措让智新迁安的高端化升级取得明显成效,在我们的日常生活中也能看到智新迁安高端电工钢的身影:全国每两台高端空调压缩机中有一台使用"首钢芯",用户涵盖格力、美的、松下、日立等全球知名家电企业,累计一亿多台拥有"首钢芯"家电;应用于新能源汽车驱动电机的6款产品实现全球首发,产品成功应用于国内外汽车行业的知名企业,对全球新能源前20的头部车企中的17家实现批量供货,市场占有率30%……

这些直观成效的背后,就是智新迁安突破了高端电工钢工程化、制造工艺和规模量产的难题。时至今日,智新迁安已成为全球最大的高端家电用无取向电工钢供应商,是全球仅有掌握低温高磁感取向电工钢技术的四家企业之一,4款薄规格取向电工钢产品实现全球首发。

不仅如此,可制造性的突破还让智新迁安成功进入了三个业务领域。

一是高性能取向电工钢的性能达到国际领先水平,为高磁感取向电工钢替代进口做出重要贡献,为中国高端电力装备的研发出口提供了核心原材料。

二是新能源汽车用高性能电工钢打破了日韩钢厂对国外新能源汽车用高端电工钢材料市场的垄断，实现了新能源汽车用高性能电工钢的国产化。

三是薄规格无取向产品在无人机、航天、氢能源等高端领域受到广泛认可，填补了国内无人机专用电工钢产品空白。

从市场占有率看，智新迁安也有着突出表现。

一是高端薄规格取向电工钢全球市场占有率第一，被应用于世界首台大容量、节能环保型卷铁芯变压器，以及三峡乌东德水电站和西门子泰国EGAT、ABB菲律宾等共建"一带一路"国家重点项目。

二是无取向产品市场占有率全球第二，其中家电行业市场占有率50%，成为美的、格力、日立等知名企业的主力供应商；无人机领域占有率30%；新能源汽车无取向电工钢获得美系、欧系、日系及国内新能源汽车企业和电机厂的高度认可，新能源汽车全球销量TOP10稳定供应8家，国内销量TOP10全部批量稳定供应，国内每3辆新能源汽车就有1辆采用首钢电工钢制造。

已有产品：掌握生产工艺诀窍

突破全新产品的可制造瓶颈、实现高端化升级是一条路径。除此之外，中国还有大批企业从已有的成熟产品入手，通过突破生产工艺、掌握制造诀窍、大幅提升产品性能实现高端化升级。中天科技对光纤预制棒生产工艺的突破就是一个典型代表，来看看它的故事。

【中天科技：突破光棒关键生产制造工艺的创新之路】

中天科技1992年成立于江苏南通，是南通最大的先进制造业企业，中国企业500强，产品出口至160个国家和地区。中天科技起步于光通信产业，现已形成新能源、电网、通信等多元化产业格局，拥有9个行业单项冠军、培育冠军、隐形冠军产品。中天科技有80多家子公司、16000多名员工，设有54个海外办事处、运营13个海外营销中心、设立6家海外基地，2021年销售收入突破800亿元。

这样一家拥有众多隐形冠军产品的企业，在发展过程中并非一帆风顺，尤其是光纤核心部件——预制棒的生产制造工艺一直受制于人，最终中天科技通过数字化手段突破生产工艺难点、掌握生产工艺诀窍，从而实现高端化升级。

所有故事的开端，都是认清自己的不足并找到突破的方向。

（一）辨别发展瓶颈点、寻找破解之法

中天科技对行业发展和自身的优劣势有清晰认识。

从行业层面看，国内光纤预制棒（以下简称光棒）的产能虽然已跃居世界第一，但大部分企业是中外合资性质，关键岗位由国外工程技术人员担任，国内人员无法掌握核心生产制造工艺。此外，我国光棒行业的关键制造设备大多从发达国家整机进口，国外厂家出于技术保护，在设备出厂时对核心控制程序进行加密处理，导致使用方无法打通底层信息流，难以实现设备数据互联互通。一些关键光学检测仪器长期被国外某企业垄断，近年来更是对我国实施限售，直接造成国内光棒企业检测水平落后、效率低下。最后，国外各光棒厂家生产信息相对保密，目前仅能通过一些公开渠道了解竞争对手的生产运营管理和发展规划信息。

从企业层面看，中天科技经过多年发展仅在生产规模上具备领先优势，但不掌握生产制造工艺核心技术和关键装备技术。比如，光棒产品参数控制主要依赖技术人员的经验，产品参数变更验证周期通常为15天左右，一旦出错，将出现大批量产品报废，造成无法挽回的损失。中天科技意识到，若要长期稳健发展，就必须掌握生产制造工艺进而实现高端化升级。

如何找到破解之法？

仿真建模技术可让人们抽象地获得对未来的预测，对无法直接进行试验的系统进行预研，这恰恰满足了中天科技的要求。中天科技在深入研究后达成共识：必须将建模仿真技术融合应用于光棒生产制造过程，通过建模仿真手段构建产品最佳制造模型，突破生产制造工艺方面的技术瓶颈，提升产品质量一致性。为此，中天科技从三个方面

入手：生产制造过程的数字化建模仿真、工艺设计的数字化优化、关键设备的数字化开发制造。也就是说，数字仿真技术被应用在了生产制造过程从前到后的各个方面。

（二）生产制造过程的数字化建模仿真

首先，对生产全流程进行数字化建模仿真。

针对光棒生产制造工序繁多、过程复杂的特点，中天科技组织工艺、设备、生产、质量、安卫环等各板块技术人员讨论，利用建模软件对工厂结构、设备布局、生产场景等进行3D建模，形成光棒智能工厂整体建模图（见图4-1），再通过仿真技术推演各生产环节中物料流转等待、流转干涉等问题，并针对性地优化内部结构，有效降低了升级改造的试错成本。

图 4-1　光棒智能工厂整体建模图

其次，利用仿真模型优化生产流程。

有了数字化建模，中天科技就有了强大的工具，开始优化传统光棒企业空间布局不合理、作业流程不畅、设备综合利用率低等生产管理痛点，涵盖了操作人员、生产设备、物料流转、生产工艺、生产环境、过程检测等生产过程的所有关键维度。其中最有代表性的一个优化是基于 Python 语言建模实现对制造执行系统（MES）的优化。传统 MES 应用于光棒生产制造会面临诸多问题：一是被动监控生产过程，无法快速响应复杂多变的新产品、新工艺需求；二是不具备可视化功能，操作人员被动接受系统下达的指令，易产生疲劳感；三是对半成品的入库出库管理薄弱，易造成大量光棒半成品积压，甚至造成某些工序滞料停工。

中天科技在传统 MES 基础上，基于 Python 语言建模开发新型光棒制造执行系统。该系统能根据实际生产流程灵活配置工艺路线，监管从计划、进料、生产到检验、出库的全流程，通过可视化图表做到生产过程透明化管理，同时增加半成品库位管理，实现半成品入库出库信息化管控。

最后，中天科技用仿真技术搭建了场内数字化生产物流系统，通过条形码、二维码技术的结合形成互联网标识，开发出一套完整的生产物料流转数字化溯源系统，推动销售、采购、生产、仓储、运输和服务等环节的数据协同。

在对生产制造过程进行数字化改造后，中天科技又针对工艺研发进行数字化建模。从生产制造到工艺研发，企业将数字化工作向上升级一个台阶。

（三）工艺研发数字化建模，实现工艺研发过程预测及设计优化

中天科技的数字化工艺设计包括三个方面：产品参数的预测优

化、数据拟合的工艺设计、数字化的算法控制。

1. 自主设计开发仿真模拟程序，实现产品参数预测及优化

光棒从芯棒制备到拉丝测试过程的工序多、验证周期长，关键性能指标只有基础测试值，还需人工进一步分析判断，存在分析判断不准确的风险，易引发批量性质量问题。为此，中天科技自主开发了三类仿真模拟程序，实现产品参数快速计算、自动预测和自动调整优化：基于Python语言开发芯棒折射率剖面计算程序，基于MES系统开发测试数据自动处理和计算程序，开发芯棒菜单补偿值自动修正程序，参照目标分布指数拟合生成新的勒让德补偿系数，实现芯棒生产菜单快速、自动调整。

2. 借助建模仿真和数据拟合技术，进行新品设计和工艺开发

以往光棒新品设计和工艺开发主要基于上代数据和人工经验，在试验机台上反复试验，最终形成工艺配方。这种方式试错成本高、研发周期长。

针对该问题，中天科技首先对光棒折射率及微结构进行微元划分，对光棒内部多物理特性进行仿真，开发出一套自适、便捷的光棒设计系统；随后针对光棒制备原材料提纯、沉积、烧结等工序，基于Cx MultiX软件自主开发光棒制备过程拟合程序，实现产物分析及阶段过程参量优化控制；最后利用光棒良率、产量、测试特性参数等过程数据，通过构建样本数据数学模型进行迭代训练，快速锁定最佳工艺开发路线。这一套组合拳打下去，光棒新品的设计和工艺开发效率、一次成功率大幅提升。

3. 数字化算法介入光棒拉丝工艺过程，减少对人为经验的依赖度

光棒拉丝过程受外径波动和弓曲度影响，易出现直径波动不达标问题。传统做法是靠人为经验调整生产速度，但难以保证高品质稳定生产。为此，中天科技创新性地开发了数字化前向滚动算法进行拉丝控制，实现产品参数快速计算、预测和调整优化，大大降低了对人为经验的依赖度。

在对生产制造全流程和生产工艺的数字化模拟仿真改造、获得关键生产诀窍和一系列工艺 knowhow（专有技术）后，中天科技必须解决另一个重要问题，即设计开发关键制造设备和检测设备，突破国外的"卡脖子"封锁。

（四）设计开发关键制造设备和检测设备，提升生产制造自主性

数字化建模仿真不仅被用在生产制造和工艺设计中，还被用在了设计开发生产制造设备和检测设备上。

1. 利用三维建模手段测绘并二次创新，自主开发光棒制造关键设备

2010 年前，光棒关键制造技术一直被美、日、德等发达国家垄断，在国内某合资工厂中，中国员工只能在正常生产时操作设备，一旦设备重要部件需要检修，外国技术专家会马上限制中国员工不得靠近设备，技术封锁程度非常高。为此，中天科技成立光棒关键制造技术攻关组，花重金组织 8 人队伍常驻日本一年多，在 H 公司生产现场学习。回国后，中天科技利用三维建模软件对各种部件进行测绘和二次创新，经过 5 年时间成功研发和批量化应用一批全自主型光棒生产关键制造设备，形成发明专利 60 多项。设备的自主化率达到 99.4%，中天科技牢牢掌握了核心设备自研、自产技术，成功打破国外技术封锁。

2. 依托建模仿真及 AI 识别技术，自主开发光棒检测设备

光棒作为光纤上游产品，其品质高低直接影响光纤的拉丝效率和拉丝质量。由于业内缺乏大尺寸光棒专业性检测设备，一些关键性能指标（如气泡气线、杂质、偏心率、弓曲度等）依赖人工检验，检测误差大、效率低。

中天科技又一次瞄准行业痛点，自主设计开发了多功能光棒性能检测设备：首先，调研现场人工检测过程并组织头脑风暴，形成检测功能需求分析报告；其次，组织设计人员搭建检测数据和检测设备仿真模型，将大尺寸光棒置于具备 AI 识别技术的模型中进行虚拟检测，导出仿真检测结果，与人工检测结果进行比对找出差异；最后，组织相关人员进行调整优化，最终成功开发出独具特色的大尺寸光棒检测设备，实现业内从无到有的突破。

（五）突破光棒关键制造工艺瓶颈的成效

中天科技针对光棒在生产制造过程中的工艺设计难点和设备开发难点，利用数字化仿真技术实现了光棒制造技术自主化，成功打破国外封锁，以下一些数据足见这种突破的力度和深度，令人振奋。

第一，自主设计 150 多套设备图纸，总量达 20 多万张，掌握 70 多种光棒设备制造核心技术，如步进式 OVD（外部气相沉积法）气相沉积核心制造设备，打破国外控制。

第二，攻克多个关键工艺（如多喷灯高速沉积工艺），实现了掺杂量 ppm 级精确控制，剖面轴向六西格玛级稳定度，百克以上（110g/min）沉积速率，国外同行沉积速率仅为 50±10g/min，光棒制造工艺达到国际领先水平。

第三，在全合成光棒产品生产制造方面形成深厚的技术积累，依

托全合成技术生产的光棒,从 G.652D 拓展到 G.654E、弯曲不敏感多模系列、G.657B3、小直径抗弯单模、高兼容性弯曲不敏感单模、超低损耗 G.652D 等,突破了高性能光棒产品技术瓶颈,打破了国际垄断。

第四,截至 2021 年,中天科技全合成光棒产品全球市场占有率达 11.7%、国内市场占有率达 24.7%,位列全球第二、全国第一。

第四章 | 扼住制造的喉咙，高端化升级才会畅通 |

工程化放大：核心装备开发与自主产线设计

每次去企业的生产现场，我都会问一个问题：你们的制造装备、生产设备和产线从哪儿来，是自主研发的还是引进国外的？

在如今被"卡脖子"的时代，这个问题显得越发重要。不仅产品开发和制造工艺技术要掌握在自己手里，装备与产线更要掌握在自己手里，否则同样被人卡得喘不过气。核心装备决定了企业能否突破工艺技术瓶颈，自主产线则决定了企业能否稳定高效地量产，这两点就是工程化的内涵。很多企业经常面临这样的尴尬：基础研发取得突破，产品开发也没问题，但无法实现稳定的量产，就是卡在了装备和产线这两个工程化放大的关键点上。下面我们来看两个例子，就能深切体会到这一点。第一个例子是材料制造企业中复神鹰，第二个例子则是设施农业企业青岛浩丰。一个制造业，一个农业，虽然行当不同，却都体现着装备与产线突破的独特价值。

【中复神鹰：通过装备自主化实现高性能产品突破】

中复神鹰成立于2006年，位于江苏连云港，是隶属于中国建材集团的混合所有制企业。中复神鹰在关键技术、核心装备等方面具有完全自主知识产权，系统掌握了 T700 级、T800 级千吨级技术和 M30、M35 级和 T1000 级百吨级技术，是国内第一家同时掌握湿法和干喷湿纺两种技术的企业，其中干喷湿纺是国际上最先进的纺丝技术，此前被日本和美国长期垄断。目前中复神鹰碳纤维产能达到 6000t/a，在国内处于领先地位，并成功进入了欧、美、亚等国际市场，成为国际上最具影响力的碳纤维供应商之一。

虽然中复雄鹰目前已居于国内领先地位，但这个过程并非想象中那么轻松，而是迈过了装备国产化和工艺自主化后才实现的。下面让我们来看看中复神鹰是如何一步步做到的。

（一）从百吨到千吨量产：中复神鹰装备国产化的动机

玻璃纤维被称为继金属之后的第三代高性能材料，被广泛应用于国防工业及高性能民用领域，是国家安全、武器装备急需的关键战略物资。

中复神鹰通过跟踪行业动态发现，全球碳纤维需求量每年以 10% 的增长率稳定增长，2021 年全球碳纤维需求量为 124821 吨，中国市场需求量就达到 62300 吨，接近 50%。尤其是面对风电叶片、碳基复合材料、压力容器等领域快速增长的市场需求，国内碳纤维企业产能扩张意愿强烈。然而，令人尴尬的是，我国 2021 年碳纤维供给仅 29730 吨，难以满足国内及国际市场的巨量需求。更令人尴尬的是，由于国外对碳纤维进行技术封锁和产品垄断，长期以来我国碳纤维严重依赖进口，急需国产化替代。

过去十年，我国碳纤维行业取得了快速发展，中复神鹰作为国内企业的代表，在 2012 年打破了日本东丽和美国赫氏的垄断，在国内率先突破当前世界最先进的干喷湿纺技术。然而，突破核心技术并不意味着能达到稳定的规模化生产，企业需要将单线百吨向千吨能力提升，将核心技术转化为生产力，以量大质优的产品与国际一流的碳纤维企业竞争。要实现从百吨向千吨产能的提升，工艺自主化和装备国产化是关键瓶颈点。

（二）研发攻关解决设备难题，建成千吨级产业化生产线

找到了问题根源，剩下的就是解决它。

2009年，中复神鹰成立了攻关小组开展项目研发攻关工作，其首先在企业最早建立的年产500吨原丝生产线上进行工艺开发和设备升级改造，基于干喷湿纺聚丙烯腈基原丝的试验，积累了大量试验数据。随后，通过对实验结果的规律分析，掌握了高性能碳纤维生产的大量技术参数。同时，中复神鹰在设备研发中采用了精益管理方法突破瓶颈。

一是对标管理。中复神鹰基于国内碳纤维发展的实际，与世界上最先进的碳纤维企业在技术、工艺、性能、产量、能耗、物耗、收率等指标上进行系统化对比分析，积极寻找差距、确定目标，制定赶超方案。

二是持续迭代。基于对标管理，当中复神鹰发现个别指标暂时居于同行领先水平时，便把当前指标作为保留目标，再确定新的提升目标。

经过4年夜以继日的自主研发，2013年中复神鹰在国内率先突破了千吨级碳纤维原丝干喷湿纺工业化核心制造技术和核心装备自主化，建成国内首条千吨级干喷湿纺碳纤维产业化生产线。这让中复神鹰成为国内第一家、世界第三家自主掌握干喷湿纺技术的企业，建成了具有完全自主知识产权的千吨级干喷湿纺碳纤维产业化生产线，整

体达到国际先进水平，成功打破了国外技术和装备垄断。

依托自主核心装备技术，中复神鹰的产品型号已基本实现对行业龙头日本东丽主要碳纤维产品型号的对标，实现对高强型、高强中模型、高强高模型等类别碳纤维的品种覆盖。

（三）推行工艺和装备的匹配性管理，实现智能化生产

核心装备技术的突破，必须配合智能化生产方式才能发挥最大功效。

中复神鹰发现，千吨级干喷湿纺碳纤维生产流程共有3000余个控制点，流程长、交互影响大、质量控制难度高。为解决这个问题，企业在生产规模化放大过程中采用了工艺和装备的匹配性管理方法，建设了智能生产平台。

首先，采用生产流程子系统管理方法。中复神鹰在智能化部件设计过程中，将生产工艺流程细分为聚合装置的智能化、溶剂回收的智能化、纺丝系统的智能化、碳化系统的智能化及生产管理系统的智能化等多个子系统。每个子系统可以单独调节、独立运作，通过各系统间的数据传输由中央控制系统进行联动调节和控制，实现成套设备的全过程智能控制。

其次，将工艺经验和工程经验植入产线基础管理。中复神鹰推进6S（整理、整顿、清扫、清洁、素养、安全）、目视化、标准作业、精益班组、TPM管理（全员生产维护）等生产线基础管理的落实与完善，结合DCS（集散控制系统）、MES（制造执行系统）和质量追溯等系统，将长期积累的工艺规律模型和工程化经验植入系统中。

再次，搭建私有云、实行数字化管理。一方面，中复神鹰融合IT和OT网络，通过五大智能化系统的互联互通，实现设备级—产

线级—车间级—企业级数据与信息的高效集成，通过搭建私有云平台实现设备与产线、车间与企业之间异构数据的采集、汇聚及高效存储；另一方面，中复神鹰以构建万吨级碳纤维智能工厂为目标，建设DCS、数采、MES、ERP（企业资源规划）、私有云平台5个层级的智能化系统，重点围绕智能工厂的产品研发、需求订单、计划排产、调度过程、制造执行和产品交货等主要阶段，形成标准化的数字化管理。

最后，建设智能控制系统，实时优化控制生产全流程。中复神鹰开创性地开展碳纤维工厂"产品生命周期管理""系统层级应用""智能化功能"三个维度的智能化建设，利用先进的传感技术及智能控制技术，建成以"最优化、自适应"为特征的智能控制系统，进行实时监测、故障诊断、自主决策，实现生产全流程自动、高效、稳定控制。

（四）核心装备自主化推动企业步入快车道

中复神鹰通过多年的自主创新探索，成功实现了高性能碳纤维规模化生产和批量供应市场，有力地冲击了国外碳纤维企业在国内市场的长期垄断地位，让我国高性能碳纤维完全依赖进口成为历史。正因如此，2018年，中复神鹰的碳纤维项目"干喷湿纺千吨级高强和百吨级中模碳纤维产业化关键技术及应用"获得了"2017年度国家科学技术进步奖一等奖"，这是国内碳纤维行业获得的最高荣誉，成效不可谓不显著。

截至2021年，中复神鹰所有产线均生产干喷湿纺碳纤维，产品品质与国际同类产品相当，公司碳纤维产品的平均销售单价呈逐年上升趋势。

中复神鹰毛利率 2018—2020 年持续上升，分别为 11.33%、25.54% 和 43.15%，2019—2021 年营业收入年均复合增长率为 68.13%，归母净利润年均复合增长率为 226.47%。

中复神鹰在国内国产碳纤维市场中的占有率连年达 50% 以上，2020 年碳纤维产量占国内总碳纤维产量的比例达 20.98%。这个指标是颇具说服力的国产替代表征，因为它代表了中复神鹰抢占了之前国外企业在国内的市场份额。

中复神鹰承担了多项国防军工任务，完成了多批次的现场取样和供货，扭转了国家重点型号武器装备关键材料长期依赖进口的被动局面。

看过了中复神鹰通过核心装备升级实现高端化升级的过程后，我们再来看一个既传统又现代的行业——农业，探究青岛浩丰基于玻璃温室的农业产线技术高端化升级背后的故事。

【青岛浩丰：基于玻璃温室的农业产线技术高端升级】

青岛浩丰成立于 2006 年，其前身是由西北农林科技大学毕业的马铁民在工作多年后下海创办的青岛浩丰食品集团有限公司。2020 年 12 月，青岛浩丰食品集团有限公司与凯盛科技集团进行混合所有制改革，正式变更为青岛浩丰，成为世界 500 强央企中国建材凯盛科技集团下属成员企业。公司注册资本 7045.13 万元，资产总额 158680.33 万元，员工 1300 余人。

青岛浩丰究竟干了一件什么"高大上"的事？说简单点，就是彻底改变了传统的农业生产线，利用全新的玻璃温室智慧产线技术让农业生产不再依赖于土地而是依赖于空间，这个空间甚至可以是戈壁滩盐碱地。为了建成智慧温室产线、推动设施农业发展,青岛浩丰推动了三方面的创新:玻璃温室核心技术的突破;育种育苗的创新;农业产线的在线化和智能化改造。

(一)推动农业产线技术高端升级的初心

传统农业生产方式延续了几千年,虽然有其独特魅力,但在生产经营方面存在诸多弊端,如标准化程度低、产品口感品质差异大,以粗放的经验管理手段为主,缺乏科学量化的标准化管理。我国农业由于先进生产技术的应用程度低,导致技术进步对农业增长的贡献率达不到发达国家的一半。

认识到上述不足后,青岛浩丰自成立以来就坚持用国际标准种植蔬菜,从而赢得了多个国际快餐巨头(如麦当劳)在中国采购结球生菜的多半市场份额,成为当时国内第一家能够实现结球生菜露地种植周年均衡供应的企业。这其实也源于创始人马铁民的工作经历,他的第一份工作是在青岛莱西的一家外企。在看到蔬菜种植过程强调标准管理、过程管理和结果验证后,马铁民"很有感触、深受启发"。在自己创业后,马铁民从2015年开始探索发展现代设施农业。

青岛浩丰选择的现代农业设施就是智慧玻璃温室。与传统温室相比,智慧玻璃温室产量是普通温室的6~8倍,主要生产欧洲同样质量标准的番茄产品,具有高质量、高产量、高效率的优势。然而,要让高端水果番茄顺利落地,必须突破一系列核心技术,还要进行全产业链运营。

(二)突破关键核心技术,建设智能化蔬菜玻璃温室

人们很熟悉塑料大棚温室,但玻璃温室在中国还不多见。青岛浩

丰要突破的第一个核心技术就是玻璃温室技术,第二个核心技术是节水技术。

青岛浩丰于 2015 年引入国际领先技术,探索建设了第一个连栋玻璃温室,并于 2017 年建成运营第一个荷兰文洛式智慧玻璃温室,开始探索番茄无土栽培技术。然而,国外玻璃温室技术还有很大改进空间,尤其是如何通过提高玻璃透光率,防止番茄灰霉病的发生。2020 年,青岛浩丰与凯盛科技完成混改重组,凭借中国建材在工程建设的优势和自己十几年的种植经验,双方联合开展温室玻璃技术攻关项目,研制了超白无影减反玻璃,不仅提高了 6% 温室透光率,还能够将射入的阳光均匀散射,避免了局部高温和叶面灼伤,从而防止了番茄灰霉病的发生。

此外,面对传统塑料大棚存在的问题,青岛浩丰通过引进国际领先的 Hoogendoorn 水肥一体化设备、环控设备和 RO 反渗透净水设备,实现了雨水收集利用和水肥循环使用,同比传统农业节水率达 95% 以上,智慧玻璃温室在节能节水方面的效果初显,同时解决了传统塑料大棚环境不可控、植株土传病害和重金属超标、土地盐渍化问题。

2017—2020 年,青岛浩丰已将智慧玻璃温室推广至 17 个省、区、市,建成 3000 余亩智慧玻璃温室,其中位于莱西的一个占地 210 亩的超大单体智能玻璃温室,是目前国内规模最大、智慧化程度最高的玻璃温室大棚。

(三)开展育种育苗创新,突破"卡脖子"技术

要进行农业生产,就避不开育种和育苗两大关口,这也是中国农业生产安全的痛点。青岛浩丰要实现设施农业的全产业链运营,就必须解决育种和育苗问题。为此,青岛浩丰开展了育苗育种创新工作。

一是青岛浩丰于 2022 年建成了亚洲最大的双头双花智能育苗工厂（见图 4-2）和育种研究院，建立企业种质资源库和收集全球优良品种表型分析数据。

二是引入科研院所合作并柔性引进育种专家，充分利用分子标记、航天诱变、全基因组选择等先进育种技术开展高效育种科研项目。

三是结合十年选品经验，充分利用 To C 方法由市场需求引导品种选育和产品开发。

图 4-2　青岛浩丰双头双花智能育苗工厂

四是开展育苗技术攻关，研发国际先进的多头多花大苗嫁接培育技术，培育根系发达、茎粗稳定、苗高一致且带有花蕾 2～3 朵的健壮大苗。浩丰技术团队攻克的番茄多头多花大苗培育技术已授权国家发明专利，进一步证明了该技术的先进性。

五是建设亚洲最大的多头大苗全自动化育苗生产线，突破了国际高端种苗"卡脖子"技术，可年产双头双花、三头三花大苗 500 万株，直接经济效益 4000 余万元。

在攻克玻璃温室的核心技术和育种育苗的难关后，青岛浩丰紧接着开始进行农业生产线的智能化改造，让在线生产变为现实，并通过知识管理让农业生产的非标活动变为标准活动。

（四）农业生产线的智能化改造，实现在线生产

你能想象在一个占地210亩的超大单体智能玻璃温室内只有寥寥几个工人，每天却能生产超40吨新鲜番茄，产量是传统温室的6～8倍吗？这就是玻璃温室的神奇所在，背后就是农业产线智能化改造的功劳。

1. 智能化助力育苗工厂高效运营

青岛浩丰在育苗工厂中配置了全自动潮汐式育苗床，利用RO水处理系统、幕帘系统、空调和新风系统进行精准肥水灌溉，同时配备了高精度环境调控的嫁接愈合室、岩棉拆垛机、自动化播种线、自动分选装置、自动插签设备、基质解压机、苗床转移天车设备，确保育苗过程的智能化和精准化。

育苗工厂内设置了500多个传感器、1100多个控制器，可以全程监控种苗的每日变化，实时采集数据，自动调控工厂温湿度、二氧化碳浓度、太阳光辐照情况等，为种苗提供各阶段生长的最适宜条件。智能化育苗工厂可以帮助种植端提前两周采收，产量提高5%以上，同时节省50%～70%的种子成本，给种植端带来显著收益。

2. 智慧玻璃温室在线化生产

青岛浩丰在玻璃温室中集成了多项数字技术，让农业在线生产变得更加真实：

一是引入的环境控制系统和水肥一体化系统由一台工业计算机和多种控制器、传感器控制，实时监控温室中的温、光、水、气、肥等数据，实现温室环境控制无人化管理。

二是劳工管理系统实现了棚内自动打卡、自动记录工时、实时显

示工作情况和完成情况，数据准确，省去人工计算环节。

三是上线了 ERP 系统采集供应链数据，自动计算成本、产生财务报表。

四是上线了生产线 MES 系统，实现采摘、生产、包装全线跟踪和流水线数据自动采集，并生成自动作数据看板，实现生产环节实时监督管控。

五是使用钉钉平台集成 OA 系统和各类三方应用，实现管理沟通全程在线化，各部门数据报表自动管理、生成看板。

六是建立玻璃温室数据中台，统一管理生产管理过程中的各类数据，在形成宝贵的数据资产的同时，实现多地协同管理。

图 4-3 是青岛浩丰玻璃温室生产系统构成，你会发现它看起来已经完全不是传统农业的概念，更像是一个"五星级酒店"的农业生产系统。

图 4-3　青岛浩丰玻璃温室生产系统构成

3. 经验知识具象化，落地技术标准与作业流程

为提升玻璃温室生产管理的标准化程度，青岛浩丰开展了精细化的知识管理。通过总结实际生产经验、梳理研发成果、明确操作流程、标定判断条件、引入对比依据，青岛浩丰将多年园艺技术知识和实际生产管理重点结合，编撰了多种形式的专有技术资料和种植技术标准，录制了学习视频，并将相关资料作为企业管理标准化的参考依据。青岛浩丰现已建立技术标准 147 项、专有技术 2480 项、主框架流程 31 个、支持流程 104 个、标准作业指导书 100 余个，在温室定植、农事操作、采收、环境控制、水肥、植保、加工、销售等各个环节实现技术标准化、农事工业流程化，为智慧温室全国拓展和布局及多基地管理奠定了标准化基础。

（五）玻璃温室产线技术突破带来的成效

青岛浩丰做的事常常会被人质疑，因为农业的投资大、周期长、见效慢、风险高。但越难做的事，越有创新的空间和高端化升级的价值。经过多年的战略布局及发展，青岛浩丰向人们交出了一份从农业技术突破到农业生产高端化升级的优秀答卷：

一是在全国 17 个省、区、市建设运营 3000 余亩智慧玻璃温室，成为全国最大的智慧玻璃温室建设与运营服务商。

二是率先建立了先进的封闭化智能温室和高标准的种植管理方法，避免了传统种植方式导致的农药滥用、农残超标、重金属超标的问题。

三是位于莱西的一期 210 亩智慧玻璃温室定植 16 万株番茄，亩产量 50 吨，日均产量 25 吨，年产量为传统温室的 5～7 倍，人均产量为传统大棚的 15 倍。

四是实现全年52周不间断供应，培育的多头多花大苗可缩短苗期4～7天、延长采收期两周，每平方米产量突破60公斤，延长了保鲜期1～2倍，持续挑战国内番茄产量天花板。

五是采用地热源储能技术和工厂废气供热节能降耗，2020年在临邑基地采用地热源储能技术，每产季约节省25%的天然气成本；2021年安徽白马基地完全利用工厂废气进行供热，温室年度运营成本同比可降低70%。

正因为这些成绩，青岛浩丰玻璃温室项目还获得了《哈佛商业评论》"拉姆·查兰管理实践奖"杰出奖，成为极少获得该奖项的中国农业类项目。

本章前面三节讲的都是企业通过生产工艺或制造装备的技术突破带来的高端化升级。除此之外，还有一个很有意思的情况，就是通过新模式的打造让企业进入高端化市场，比如从智能制造到智能服务的升级。

服务型制造：智能化升级新模式

智能制造越来越成为领先制造企业的"标配"。虽然智能制造本身就能带来企业的高端化升级，但还有另一种独特形式的高端化表现，那就是智能服务。智能服务是智能制造发展到高级阶段的业务形态，它将企业原来在设计生产制造环节中积累的经验和能力，通过技术手段拓展到专业服务领域而实现高端化升级，形成服务型制造，能给企业带来意想不到的高附加值。徐工集团的数字孪生智能服务就是一个典型案例。

【徐工集团：基于数字孪生的智能高端增值服务】

徐工集团源于1943年创建的八路军鲁南第八兵工厂，是我国工程机械行业规模最大、技术水平最高、出口量最大的千亿级龙头企业，位居全球行业前3位。拥有"世界第一吊""神州第一挖"等100多项国产首台（套）重大装备，6个行业单项冠军示范企业和产品，产品覆盖14大门类、39个产业、700多个品种规格，11大主机产品市场占有率稳居国内行业第一，其中移动式起重机稳居全球第一，成套桩工机械、混凝土机械、筑养护机械位列全球第一阵营。产品出口到 187 个国家和地区,年出口总额和海外收入持续居中国行业第一。

这样一家以产品制造见长的企业,怎么会开始做高端服务?其动因和模式是什么,效果怎样?让我们一起来看下面的内容。

(一)徐工集团打造数字孪生智能服务的动机

在制造业有这样一条规律,"造而优则服",意即制造型企业发展到高级阶段,就会向服务价值链延伸,通过高附加值服务获取利润,形成新的发展模式。徐工集团的领导也深刻意识到了这一点,尤其在工程机械行业里,当主机增量销售市场出现下滑时,后市场服务的收益就是企业"活下去"的重要保障,也是穿越行业周期的关键路径。自 20 世纪六七十年代,发达国家就开始大力推动制造业企业向服务价值链延伸,欧美等工程机械发达市场企业的后市场服务利润占比约 70%,而中国工程机械企业仅为 30% 左右。

我国工程机械行业后市场规模庞大。截至 2020 年年底国内工程机械主要产品保有量超过 900 万台,其中挖机约 220 万台、装载机约 140 万台,超大的保有量蕴藏着庞大的后市场机会,推动整个行业步入拼服务的新阶段。更重要的是,人工智能、大数据、数字孪生和物联网等新一代信息技术在制造业服务领域得到广泛应用,用户精准画像、失效预测、预测性维护、市场分析等场景应用日趋成熟,越来越多的企业开始运用智能化技术提供后市场服务。

面临行业新趋势,徐工集团选择了从数字孪生技术切入打造智能服务。为什么会选择数字孪生技术?这与徐工集团的产品特点有关。徐工集团的各类工程机械产品通常是 To B 端产品,其单价高、技术复杂、备件贵,需要实时监测、采集数据、快速反应,诊断维修和服务方案的专业性很高。数字孪生技术恰恰能满足工程机械产品后市场服务的这些要求，两者堪称最佳"拍档"。

在这样的思路引领下，徐工集团组建了一支精干的数字化人才队伍，截至2020年年底共有系统研发人员和数字孪生产品制作人员380人。要让基于数字孪生技术的智能服务落地，这支队伍首先要完成的任务是夯实企业的数字化底座，研究如何将数字孪生技术与智能服务深度结合。

（二）夯实数字化底座，探索数字孪生技术与服务深度结合

1. 关键业务环节的数字化升级

一家能提供数字化服务的企业，首先是内部各个环节的数字化改造。为此，徐工集团围绕研发、制造、服务等关键环节进行数字化升级，为数字孪生产品的打造夯实数字化底座。

在研发环节，徐工集团通过全球协同研发平台建设，推动中国、美国、欧洲、巴西、印度五大研发中心协同研发的三维数模总量超300万个。同时，从2020年开始徐工集团投资1亿元搭建了每秒运算达到465万亿次的高性能仿真中心，为产品部件、系统、整机仿真奠定了算力基础，并构建了仿真标准规范库、材料库、模型库、指标库、案例库等仿真知识库。

在制造环节，徐工集团通过建设工业物联网，完成对2800余台装备互联、8万个数据点实时采集，结合人工智能技术训练焊接、数控等65个算法模型，对产品的制造工艺流程及生产线进行大规模仿真，构建数字孪生虚拟产线，对整个工艺方案进行验证，检查加工流程、零件输送、装配流程、人员配置、生产线配置的可达性和合理性。

在服务环节，徐工集团每年投入1亿元用于售后设备参数采集与分析，依托车联网平台和工业大数据平台，对全球50万台联网设备

实现覆盖动力、液压、结构、电气等系统的数据采集。同时，通过X-GSS 为客户提供了 32 万台与实物产品对应的虚拟产品，精准反映每一台车的所有零部件信息。

2. 探索大数据技术，为数字孪生产品提供数据保障

通过数字孪生技术提供服务的一大要求是进行大数据挖掘，为此徐工集团与阿里云开展合作建立 21 个物理节点，以及 5040 个超分CPU 计算单元的混合云平台，支撑研发、制造、服务等环节的工业大数据挖掘工作。

在研发环节，徐工集团通过工业大数据技术建立数据仓库，将零部件的关键参数、性能指标、参考标准、试验数据、工况数据、故障模式、寿命数据等仿真过程生成数据信息进行汇聚，构建出数字孪生产品模型。

在生产制造环节，徐工集团通过大量传感器设备实时采集数据，并通过制造执行系统（MES）、仓库管理系统（WMS）、高级计划排程（APS），结合订单、设备、工艺、计划等产品数据，将与实物产品对应的部件信息注入虚拟产品中，使虚拟产品与数字产品形成映射。

在服务环节，徐工集团打通各事业部、分（子）公司营销服务系统数据，依托实物产品与虚拟产品的映射关系，将市场上产品的运行数据统一注入虚拟产品中，支撑后续通过大数据技术发掘效益增长点。同时，将产品历史服务数据、服务人员数据、机手数据等数据进行大数据分析挖掘，建立"设备+机手+备件+服务人员"一体化协同运行模式，以及精准的设备画像数据模型、机手画像数据模型、服务人员画像数据模型。

3. 激发数字技术要素价值，成功打造数字孪生产品

基于扎实的数字化底座和工业大数据技术积累，徐工集团形成了系列数字孪生产品，每个数字孪生产品具有"产品仿真、数字映射、反向控制"三大功能：

一是仿真功能。通过高性能仿真中心，徐工集团构建了 3429 种机型的产品仿真模型，这是数字孪生产品的源头基础。

二是数字映射功能。制造环节对产品装配的各类零部件信息进行实时采集，形成零部件三维标注对仿真模型的虚拟映射，确保制造过程中输出的实物产品与虚拟产品完成映射；服务环节的大量实时数据采集则能实现虚拟产品与实物产品的动态交互，为做到反向控制奠定基础。

三是反向控制功能。徐工集团将虚拟产品模型算法与实物产品控制器算法集成，通过虚拟产品反向控制实物产品，应用在复杂工况远程操作、设备临界状态自动调节等场景，如 XCA60E 起重机、XE950DA 矿用挖掘机等产品。

在夯实数字底座后，徐工集团开始向用户提供数字孪生产品。截至 2021 年 6 月，徐工集团已向用户配套提供了 3429 种机型、32 万个数字孪生产品，进而提供多种智能服务。

（三）智能服务一：产品状态实时监测服务

1. 全方位监测产品状态，帮助用户发掘效益增长点

徐工集团通过建设 CRM（客户关系管理）、车联网、X-GSS、智能服务调度中心等平台，为客户提供维修服务、保养服务等满意型服务。比如，徐工集团通过车联网采集 150 余类数据信息，与数字孪生产品建立映射关系，构建产品健康数据模型对产品运行状态进行实时监控，并将其集成到起重在线、装载之王、钻之云端等服务平台中。同时，基于产品历史数据曲线，结合产品故障模式库和设定的液压、

传动、电气、结构等关键参数非线性阈值，对产品健康走势及未来寿命进行预测，确定产品退化规律和健康等级，为用户提供6000余种异常预警、故障报警和保养提醒等，使用户在设备严重停机事故发生之前有足够的时间制订和实施维修计划。

此外，为方便用户进行设备管理，徐工集团除了提供产品状态可视化、产品健康走势预测外，还将产品集群智能调度、电子围栏、施工过程分析、车队绩效核算、施工安全服务等300多项管理手段全面纳入平台中，助力用户人力成本降低35%，调度效率提升18%，安全风险及隐患下降11%，生产效率提升20%以上，让用户切实感受到徐工集团提供的服务增值。

2. 运用大数据技术分析用户行为，优化施工方案

为了降低操作人员因素造成的效率损失，徐工集团依据数字孪生产品历史状态参数曲线，结合徐工集团在研发过程中生成的仿真记录，在大数据平台中形成客户行为画像模型，进而输出用户基本信息模块、施工轨迹信息模块、操作习惯模块等60余项指标。通过将数字孪生产品历史状态参数曲线与仿真过程中标准施工参数曲线进行对比分析，徐工集团就能为客户输出行为修正报告，帮助施工人员修正施工行为，延长设备使用寿命，节约施工成本。徐工集团已将该功能应用在大吨位汽车起重机上，通过对用户在操作过程中起吊速度、伸臂顺序与速度、起重滑轮组倾角等参数进行修正，施工效率平均提升10%。

（四）智能服务二：预测性维护服务，降低用户使用设备总成本

1. 凭借仿真技术开展产品失效预测，减少用户设备停机成本

工程机械停机一次造成的直接和间接损失很大。为减少停机成

本，徐工集团通过建立产品失效物理模型，总结了工程机械损坏型、退化型、松脱型、失调型、堵塞型、渗漏型、功能型等失效模式，建立了典型工程机械失效模式库及案例库，并应用到产品失效预测中。同时，徐工集团开展失效危害性和重要度分析，通过数字孪生产品中各部件状态数据与失效模式库中失效的关键特征数据进行比对分析，预测各部件何时将失效，提示用户进行备件准备并执行维修，减少停机成本。此外，徐工集团根据重大项目攻关及海外施工要求，形成标准、严寒、缺氧、酷热等工况对应失效分析算法模型，提高了施工产品寿命预测准确性。

2. 破解备件查询准确性行业难题，提高备件更换服务效率

针对备件查询准确率不高的问题，徐工集团运用制造环节数据采集技术，将每台实物产品的部件信息准确注入数字孪生产品中形成映射，建立与实物产品部件的映射关系。与此同时，徐工集团通过将数字孪生产品与 MES 和 CRM 等系统集成，实现实物产品部件信息的统一变更管理，特别是针对产品交付用户后的维修保养、备件更换过程，实现持续跟踪与更新，避免查询不准确导致的备件配送错误。

3. 基于大数据开辟金融合作新路径，降低用户设备使用成本

工程机械产品单价高，不少客户必须借助金融服务购买设备。为此，徐工集团联手江苏银行等金融机构，搭建了基于物联网技术应用的工程机械金融服务系统，运用大数据技术整合用户信贷、还款、逾期、保养投入金额等多方位数据信息，建立数据模型预测用户经营状况，实现基于工业设备的大数据信用与资产质量评级。对评级高、设备保养好的用户，徐工集团与金融机构主动为其提供更优质、更实惠的服务，节约设备运营成本。例如，对于购买汽车起重机的优质客户群体，徐工集团每年仅在车辆保险一项就能够为他们节约 1/3 的保险

费用，共计约 5000 万元。

（五）智能服务三：优化徐工集团内部服务体系

除了为客户提供满意服务和增值服务外，徐工集团内部的服务体系也要智能化。为此，徐工集团在服务流程、服务资源配置和备件需求预测上做足了文章。

1. 智能服务流程优化再造，提高服务执行效率

基于数字孪生产品，徐工集团对服务流程进行优化再造，优化流程 40 余项、新塑造流程 15 项，实现总部智能服务调度中心与分（子）公司服务中心、代理商的多级业务协作和管控，提升整机及备件二次销售管理，以及车辆报修、大修、保养、报废等过程管理。服务流程的执行效率提高了 30%，支撑实现"10 分钟响应、2 小时到位、24 小时完工、48 小时回访"，降低客户等待成本。

2. 优化全球服务资源配置，节约服务过程成本

徐工集团基于工业大数据平台，根据 32 万台数字孪生产品在全球的分布情况，以及施工工况、设备失效速度等因素进行算法分析，生成服务网点、服务人员、备件库等服务资源的配置方案。经过一年时间验证，服务网点配置方案合理性达到 99%，服务人员配置方案合理性达到 95%，备件库配置方案合理性达到 98%，服务人员工作效率也由原来每人负责 50 台产品增长至每人负责 58 台产品，实现企业内部服务降本。

3. 优化备件需求预测，提升备件精准营销

徐工集团打破原来通过历史数据预测备件需求的方式，对数字孪生产品健康走势曲线的状态开展分析，指导备件精准投放。依据预测结果，徐工集团在国内外市场端布局 3000 个备件服务网点，借助

PMS（工程生产管理系统）进行科学高效的备件管理，实现常规备件24小时到位率超过90%。其中，PMS涵盖备件供应链的所有业务单元，实现工厂、代理商、海外备件中心等同一个条码全球库存穿透式管理，提高了备件流转速度与配送及时性。同时，平台的多租户功能允许代理商端注册入驻，实现了工厂、代理商、海外备件中心等的全球库存联网。

（六）智能服务四：提升徐工集团内部的运营和管理水平

徐工集团还利用数字孪生产品优化设计、制造、营销策略等环节，为运营决策、产品创新优化及推广提供了支撑。

1. 为研发环节提供设备运行报告，提高产品设计可靠性

徐工集团凭借数字孪生技术，实现服务数据管理与研发管理穿透。在服务过程中，通过采集产品在不同工况下的运行参数，经过工业大数据平台分析形成设备运行可靠性问题报告，将产品的使用率、部件故障率及具体的故障原因反馈给研发部门。研发部门根据报告优化设计方案，基于数字孪生虚实同步对控制系统进行设计匹配，使控制系统和物理装备更早地融合匹配。例如，徐工集团汽车起重机在仿真调试过程中实现500余项调试参数的采集与分析，并形成仿真调试报告，减少了新产品从研发到正式投产的时间。

2. 强化制造环节生成订单管理，提升企业精益制造水平

首先，从原来一订单多配置的混合投产，细化至一订单一种配置的精益制造，做到"下线一台（实物产品）制作一台（数字孪生产品），发运一台（实物产品）发布一台（数字孪生产品）"。

其次，强化产品配置变更过程的定制化管理，支撑对30种配置变更场景的精益化管控，从业务上规范生产订单变更的管理，保障虚拟产品与实物产品数据映射的准确性。

最后，强化产品零部件信息的可追溯管理，扩大制造过程的数据采集范围，形成产品"可追溯件"内控标准，将零部件追溯范围细化至最小可维修单元，支撑产品全生命周期的精准追溯。

3. 形成"徐工指数"，支持国际化战略

通过对市场上产品的运行状态监控，徐工集团就能评估一些工业领域的开工状况，形成独特的"徐工指数"。该指数基于对各类设备销售量、开机率、平均开机时长等数据的统计，形成各地区行业热度分布图，进而指导销售策略的制定。同时，徐工集团还对各类设备的月度开机率、开机时长等数据走势进行统计分析、预测行业前景，为工厂生产结构调整和库存准备提供数据支撑。

此外，徐工集团利用数字孪生产品支撑徐工集团国际化战略。针对海外用户对服务的需求，徐工集团开发了 X-GSS 海外版，面向不同地域终端用户，支持选择英、德、法、阿拉伯等 8 种不同系统风格，集设备管理、车辆定位、工作时长、加油统计、报修、维保、备件查询等功能于一体，完成了印度、印尼、肯尼亚、几内亚、俄罗斯、哈萨克斯坦、美国、土耳其、阿联酋、埃及 10 个国家海外智能服务调度中心提升工作，为用户提供 7×24 小时服务。

（七）数字孪生智能服务高端化升级的成效

徐工集团通过基于数字孪生的智能服务高端化升级之路，让自己的发展之路越走越宽，成效显著：

一是智能服务管理体系成型，数字孪生产品抢眼。

数字孪生产品让徐工集团实现了对内赋能、对外增值，相关的高端智能服务不仅带动产品设计可靠性、制造过程精益水平、企业运营决策科学性、服务资源配置合理性的提升，还为用户提供设备状态实时监测、预测性维护、备件服务增值、新型服务模式等增值型服务。

二是服务能力和客户满意度显著提升。

基于数字孪生产品，徐工集团为全球客户提供了精准、增值、满意的高附加值智能服务。2020年用户报修量44万次，24小时完工率83.9%，同比提升7.3个百分点；2021年上半年，共计督办7620单服务，两小时到位率83%，同比提升12%；平均报修完工时长550分钟，同比减少125分钟。徐工集团近8年保外用户维护率达到70%以上，同比2019年，2020年交机设备当年平均单台报修次数由0.86次减少至0.76次，单台被动服务下降11.6%，主动服务实施在行业内处于领先水平，形成新的市场竞争优势。

三是后市场服务销售增长强劲。

徐工集团通过智能服务能力的提升，后市场备件收入由2019年的29亿元提升至2020年的37亿元；其中，基于数字孪生产品的备件外购件拆分工作实现重大突破，仅2020年新增外购件拆分子件销售收入8943万元，海外新增外购件拆分子件实现销售收入848万元，有效支撑徐工集团的效益在疫情防控期间不降反增。2019年营业收入591.8亿元，同比增长33%；2020年营业收入739.7亿元，同比增长25%；2021年营业收入843.28亿元，同比增长14.01%；净利润由2018年的20.46亿元提升到2020年的37.29亿元和2021年的56.15亿元。

生产制造是中国企业最熟悉的环节，却也是中国企业最陌生的环节。如何突破生产制造的瓶颈、实现高端化升级，注定将是中国企业的一门长期必修课。

第五章

市场突破,商业闭环

——拿到高端客户订单,高端化升级才真正闭环不少企业在做高端化升级时，往往只看重技术本身的突破，却忘了最终要拿到订单、卖得出去才是硬道理。技术先进，却不一定能够满足客户需求；产品质量好，却不一定是客户的最佳选择。相比中低端市场，高端市场的商业逻辑、营销触点与销售模式有较大不同，产品高端化升级必然带来商业模式的升级。所以，高端化升级不是技术决定论，而是"技术突破＋商业闭环"论。如何实现市场突破、锁定高端客户，以及打造高端化升级的商业闭环，是企业在一开始就要琢磨透的大事情。

本章通过对若干企业案例的分析，提炼出企业实现高端市场突破、打造商业闭环的若干新商业模式，比如吉利远程打造的全新商联网，智新迁安推出的互补式营销，多氟多对高端客户的免费试用，吉林碳谷模拟应用场景绑定高端客户，无锡一棉和青岛浩丰推出的专有品牌数字销售等。每个案例都各有特色，让我们来看看它们的闪光点。

打造全新商联网

当你向市场上推出一款全新高端产品时，想过打造商联网吗？所谓商联网，不只是简单向客户销售一个产品，而是一开始就从整个业务上下游闭环、产品全生命周期的角度找到各个商业触点，将所有相关商业主体都包含进来，形成一套基于商业价值链接的稳定网络，包括产品价值、延伸服务价值和其他相关价值，进而实现产品全生命周期内全涵盖、多形态销售的商业模式。通俗讲，就是做长链、多点、慢生意。

营销学里有一条常被大家忽略的法则，用户需要的不是产品本身，而是产品带来的效用。就像客户买商用车不是为了车本身，而是用车来获利。因此，从产品效用出发而不是从产品本身出发，企业就能大大扩展传统的商业模式。吉利远程就是基于这种思路构建了全新的商业模式，它抓住了新能源商用车营销和客户使用中的"运力"和"物流"两大痛点。针对运力痛点，公司打造了绿色慧联、万物友好、醇氢科技三大运力平台；针对物流痛点，公司构建了"车与货、车与能源、车与环境"三大协同模式和盈利方法，最终形成适合自己的全新商联网。吉利远程从一个制造商，硬生生把自己转变为一个产业链生态的打造者，无疑是商业模式的一个巨大转变，更是一个勇敢的先行者，收获创新的超额利润一点也不意外。

【吉利远程：长链、多点、慢生意的高端商业模式】

（一）打造三大运力平台，匹配不同应用场景

吉利远程通过调研发现，对商用车而言，不同运力场景必须匹配不同车系。于是，吉利远程打造了三大运力平台：针对城市运力场景的绿色慧联运力平台，针对公路干线物流和固定场景的万物友好运力平台，针对车、醇、站、货、金融完整生态的绿色甲醇运力平台，每个运力平台成立一家公司。这三大平台的商业逻辑是，为客户提供新能源商用车全生命周期的运力服务，即长链、多点、慢生意，而不是卖一台车、做完一单生意就结束。

1. 绿色慧联运力平台：瞄准城市运力场景，提升轻卡、小微卡市场占有率

浙江绿色慧联有限公司（吉利远程旗下的子公司）的创新商业模式用线下和线上方式解决产品购买和使用中的痛点问题，其中线下构建慧联租车租赁运营体系，线上打造慧充电、慧管车、慧运力三大产品，形成线上线下一体化的全生命周期运营生态。这种模式将吉利远程从一个单纯的新能源商用车制造商变成一个联通制造端和租赁用户端的服务商。

慧联租车通过灵活多样的新能源物流车租赁服务为客户解决城市物流全品类的用车需求，通过租赁方式降低用车成本，消融客户的租、购车痛点。

慧联车服则是为客户提供新能源物流车使用过程中的各种更换件、易损件的服务及保值回购服务，解决新能源商用车使用寿命较短的痛点。

慧联智控主要是通过发展"慧充电、慧管车"两项增值业务，帮助客户实现车辆数智化管理，提升客户经营能力。其中，慧充电聚焦物流企业的充电场景，整合了国内超66万个主流电桩资源，提供企业电卡、场站规划、智能桩站识别、一号多登多充等行业解决方案。慧管车则是为运营行业、物流行业开发的车辆数字化管理平台提供涵盖智能控车、数智租赁、智慧账单、客户引流等整套管理体系，提升客户经营能力。

不同于一般租赁公司简单的出租模式，也不同于经销商一次性的车辆买卖模式，吉利远程的绿色慧联运力平台将车辆租给用户是业务的开始，更重要的是把业务延伸到用户车辆使用的全生命周期中，通过将业务链拉长，在每个节点发现用户需求，满足用户需求，最终积少成多。这种模式的链条越长，与客户的黏性就越强；节点越多，盈利点就越多，抵御市场风险的能力就越强。

2. 万物友好平台：瞄准公路干线物流和固定场景，提升重卡市场占有率

吉利远程全资设立的万物友好运力科技有限公司，瞄准公路干线物流和固定场景，为各类重卡物流场景匹配电动车辆及充、换电站两大产品，辅之以金融、物流、能源、数字信息等，这其实是为物流企业客户提供了全套的重卡运力解决方案。截至2023年，万物友好运力平台在新疆、陕西、广西等10多个地区落成和建设换电站60余座，针对不同使用场景、不同企业和司机提供多种定制化换电运营模式。

3. 醇氢科技平台：车、醇、站、货、金融一体化甲醇运力生态

围绕醇氢动力商用车的推广应用，吉利远程全资设立浙江醇氢科技有限公司，与资源禀赋优异地区、企业合作，引入吉利CO_2捕集+

H_2 耦合制蓝醇、绿醇的技术联合制醇，打通价值链上下游的"车、醇、站、货、金融"环节，建成醇氢全产业链生态（见图5-1），开创了一种以生态网络方式推动绿色甲醇行业发展的独特模式。这种提前谋划布局产业链生态的方式，让吉利远程实现了精准发力、打通堵点。

图 5-1 吉利远程醇氢全产业链—绿色甲醇生态

注：CRI（Carbon Recycling International）是指冰岛碳循环国际公司。该公司是国际上第一家实现碳制甲醇技术工业化生产及商业销售的企业。

在吉利远程打造的产业生态链中，有三个端很重要：车端、醇端和政策端。

一是车端，即汽车的研发、制造和销售。在技术上，公司完善甲醇直驱、甲醇增程及混动产品；在销售模式上，公司创新"以租代售"模式，为运营企业赋能，带动物流企业车辆销售；在质量优化上，公司通过上规模的产品运营来验证产品品质，获得反馈数据进而促进产品质量升级。

二是醇端,核心是能源动力。吉利远程通过多种方式打造醇端产业链:在醇氢技术环节,对接吉利远程协同创新中心,开展绿色甲醇制备技术的研发推进和技术推广;在醇氢制造环节,公司以"1+N"战略为支撑,在资源区域布局绿色甲醇制备工厂;在醇氢供应环节,公司与中海油、梅塞尼斯等企业合作,保障醇源、稳定醇价;在销售体系上,公司促进醇氢能源推广,开展甲醇制备、存储、储运、加注与销售体系的建设。

三是政策端,即争取政策支持。吉利远程结合不同城市能源禀赋、产业特点、政府诉求,积极争取政策支持,与政府共同构建醇、运、站、车的甲醇运力示范模板,重点推进晋中、安阳、邯郸模式,运行成熟后再复制推广。

(二)构建"车与货、车与能源、车与环境"三大协同创新商业模式

物流行业有几个关键要素:车、货、能源、环境,打通这几个要素形成协同就掌握了物流行业商业模式的命门。吉利远程通过摸索,逐渐将"车与货、车与能源、车与环境"三要素进行协同,全方位布局创新商业模式。

一是车与货协同,提供物流运力解决方案。吉利远程瞄准国内城配物流,开展了城配物流业务创新,推出远程e家与绿色城运。其中,绿色城运正在杭州、成都、深圳三地布局、试点运营,采用直采运力解决方案、合同物流解决方案和共建运力解决方案三种方式与货运平台达成战略合作,协同经销商寻找和签订稳定的货源资源。

二是车与能源协同,构建能源服务生态。吉利远程通过多渠道打造了以新能源商用车为中心的能源服务生态,它由几个关键点构成:

阳光铭岛为重卡提供绿色能源充、换电业务,与电力企业强强联合获得优惠电价;绿色慧联平台建设全国性充电网络,通过慧联 App 满足充电需求;绿色城配在城配场景采用换电模式;醇氢科技与优质资源地区企业联合制醇。同时,吉利远程组建了低碳循环项目组,开展电池与核心零部件修复项目延长电池生命周期,通过回收利用和后端变现摊薄电池价格。

三是车与环境协同,推动低碳循环发展。吉利远程围绕环境这一核心要素在全国布局,重点瞄准华北、西北等重卡集聚及能源集聚的高潜目标市场,以及沿海地区商用车新能源化快速发展的核心市场打造区域生态。一个车企怎么打造区域生态？吉利远程的做法是：依托多元化投资合作的方式建立区域工厂,推进区域内生产制造和运营服务生态建设,同步做好创新商业模式的孵化。

在这种思路的引导下,吉利远程先建设了四川南充、江西上饶、安徽马鞍山、山东淄博、湖南湘潭五大整车制造中心,随后基于区域资源禀赋建设湖州、新泰、海口、天津、邯郸等区域工厂,形成"制造中心＋商业生态"的布局,形成区域经济生态圈效应,同时拉动就业、推动当地商用车新能源化转型,建设绿色智慧交通生态圈。吉利远程以制造中心为基础打造区域商业生态,毫无疑问,这是一种独特的"范围经济",这与以往制造中心功能单一缺乏拓展的思路有显著差异。

通过"车与货、车与能源、车与环境"高效联动的区域生态方式,吉利远程持续引导市场接受远程新能源商用车,快速提升了各个区域的新能源渗透率与市场占有率,真正创新了新能源商用车的销售途径。

（三）解决"油改电"业务痛点,推动业务模式创新

商业模式的创新不是孤立的,必须配套多项业务模式创新方能发

挥最大效用。吉利远程针对"油改电"的业务痛点，推出了多维度的业务规划。

一是推出保值营销业务。从客户购车首付及月供高的痛点出发，吉利远程推出了保值回购政策，又通过"再制造＋零部件拆解利用"的方式扩大期末车辆的剩余价值，有效解决了客户购车首付及月供高的业务痛点。

二是推出科技降险业务。公司通过提升车辆的智能化、网联化，及时回传反馈车辆信息，辅以ADAS（高级驾驶辅助系统）、主（被）动安全性配置等，改善司机的安全驾驶习惯，降低车辆的出险率，从而降低用户保费。

三是推出电车分离业务。吉利远程分两个阶段落地电车分离业务创新：第一阶段与第三方换电站和电池银行合作，快速启动车电分离业务模式；第二阶段推行自主开发的标准电池包，实现车端、电端、站端统一规划运营，与购车客户、生态合作伙伴形成多方共赢，实现对燃油车市场的精准狙击。

四是租赁业务创新。吉利远程采取以租代售、经营性租赁、直租物流公司等多种业务模式，提供多样化的租赁产品组合，快速提升租赁业务量。

讲了这么多，不妨总结一下，吉利远程干了太多不该由一个汽车制造商干的事，它不仅改变了自己的角色和定位，更打造了一个超级庞大的"产业生态"。在这个庞大的产业生态中，吉利远程不断强化核心节点的位置与网络的活力，不断形成独有的竞争"护城河"，这与传统企业专注于某个生态位的理念完全不同。也正是这样一种提前布局、全产业链渗透、全价值链获取的模式，让吉利远程基于全新醇氢技术路线的高端产品升级从一开始就占据了主动。

用户深度协同绑定

高端客户给企业带来的附加值往往是中低端客户的数倍。然而,高端客户对品质要求严格,获取其信任的门槛很高。因此,如何绑定客户是一门必修课。绑定高端客户背后的秘诀就八个字:定制绑定,协同共赢。定制绑定讲的是用定制化方式满足客户需求,让对方离不开你,协同共赢讲的是通过产业链相关方的协同才能完成定制化。

中国企业在高端化升级的路上,摸索出了多种深度绑定用户的方法,比如智新迁安基于定制化与全球化的互补式营销、多氟多的高端客户免费试用,以及吉林碳谷的模拟应用场景。让我们一起来看看这些企业的做法。

【智新迁安:定制化与全球化互补的用户深度绑定】

智新迁安研发的电工钢,尤其是薄规格、低损耗、高磁导性的高端电工钢产品面临广阔的市场需求:一方面,我国高端电工钢产品需求强劲,但国内制造能力不足、进口依赖性高;另一方面,欧美本地电工钢产能严重不足且新产能扩建迟缓,预计2030年高端电工钢欧洲和北美市场缺口将分别达到50万吨和100万吨以上。智新迁安在有了拳头产品后,如何打入国内外高端市场,如何获得不同个性化需求的高端用户认可?智新迁安探索出了一种定制化和全球化互补的营销模式、创新模式:用定制化吸引客户,增强营销的深度;用全球化拓展客户,扩展营销的广度。

(一)从制造现场和用户现场推动规模化定制

高端电工钢的不同用户其个性化需求不同,想要绑定客户,就必须满足其全生命周期的特定要求。智新迁安认识到这一点后,便深入两个现场开展营销创新:一是从制造现场的"研发—制造—营销—加工配送"各环节出发,发掘和理解客户需求,实施有组织、有计划的技术研发和营销活动;二是深入用户现场"产品规划—材料选择—分条—冲压制造—整机测试"的各环节,针对不同用户的个性化需求提供个性化服务,从材料供应商向产业服务商转变。

面对市场用户类型多样、电机发展技术方向各不相同的情况,智新迁安从价值链角度出发做了两个"动作":一方面,整合纵向价值链,集成主机厂、电机厂、冲片厂、分切厂形成缩短认证周期的利益共同体,推出综合性能更高的新产品或者定制化产品;另一方面,聚焦横向价值链,紧跟行业内关键典型用户的重点项目和特殊需求,持续与高端客户终端展开交流服务,建设营销渠道分级网络,实施协同营销。

以新能源行业的系列产品定制为例。智新迁安在新能源市场推进前期,组建了针对特定区域的营销和用户服务团队,展开重点用户、重点项目和特殊需求的先期技术和营销服务,掌握新能源不同车企、不同车型的产品需求特点,定制开发出低铁损、超低铁损、高强度、高磁感等5个系列20多个专有产品,为相关客户开发了YS系列的定制化超高强度产品。不同特点的专有产品被分别应用于众多新能源行业的中外主流车企，快速拓展了头部客户份额。

（二）多区域研发和技术服务中心，推动全球化定制营销

智新迁安有一个颇具特色的做法，就是在全球范围内建设多区域的研发中心和技术服务中心，将研发和服务触角伸到高端客户身边，在研发端和服务端提供定制化和差异化营销，这就是全球化定制营销。

首先，智新迁安打造了"1+3"的特色化全球化研发中心。"1"就是以电工钢生产基地迁安为基础，"3"则是打造各有侧重的三个研发中心：以用户技术研究和用户服务为特色的苏州研发中心，以前沿技术和基础理论研究为特色的北京研发中心，以海外新技术和海外用户应用技术为核心的欧洲研发中心。智新迁安依托全球研发中心，充分了解国际头部车企的技术发展需求，精准把握新能源无取向电工钢的技术发展趋势，同时提升了营销活动的多元性和品牌性，为全球化营销打下坚实的基础。

其次，智新迁安还建立了多区域用户技术服务中心。考虑到华东地区是新能源汽车主要的聚集区，占公司国内产销量的近70%，智新迁安从推动技术型营销、服务型营销进而实现多元化营销的角度出发，在苏州先后建立了电工钢加工配送中心和技术服务中心，从材料选型、样品测试、技术交流、商务谈判及加工配送等方面实现了多元服务和用户家门口营销。为了让项目信息获取更加便捷全面、技术交流及产品推广更加主动高效，智新迁安又建立了日本、韩国用户服务中心，通过与当地主机厂和配套厂的对接，加速了公司的全球化布局，提升了首钢电工钢的全球服务能力。

最后，智新迁安用本地定制化和全球差异化的互补式营销策略绑定了全球高端客户，而位于河南焦作的一家企业多氟多在实现技术突破但高端客户不信任的情况下，采用免费试用的方式绑定客户，同样值得借鉴。

【多氟多：用免费试用方式绑定高端客户】

多氟多是一家位于河南省焦作市的化工企业，在氟、锂、硅三个元素细分领域进行化学和能源研究，并且从氟化工向新能源汽车转型发展，拥有26家控股子公司和我国无机氟化工行业唯一一家上市企业，员工6000余人。

早在2006年，多氟多董事长陪同专家到日本考察，了解到一种叫六氟磷酸锂的新材料是锂电池的核心材料，长期被日本垄断，其卖到国内的价格一度高达每吨100多万元。

六氟磷酸锂是锂电池的电解质，被称为锂电池的"血液"，其痕量杂质、一致性和稳定性决定了锂电池的充放电性能、能量密度和使用寿命。多氟多的董事长决定在国内率先研发六氟磷酸锂，为企业转型发展找到一条更高、更好的出路。

但是，六氟磷酸锂的生产涉及低温、高纯精制、强腐蚀、无水无尘等复杂工艺，自己研发难度大。一开始多氟多试图通过与日本生产企业合作，但被对方拒绝。于是，2006年年初多氟多自建六氟磷酸锂研发团队，在没有原材料、没有生产工艺、没有关键技术的情况下，从头查阅各种资料，向专家请教，自己设计、焊接实验装置。经过上千次反复试验，先后突破原料提纯、机械密封、低温、强腐蚀、无水无尘等一道道难关后，多氟多终于首创了以工业无水氢氟酸、工业碳酸锂制备晶体六氟磷酸锂的新型原料路径，成功制造出 2 克六氟磷酸锂。

经过持续研发，到 2013 年 12 月，多氟多年产 2000 吨六氟磷酸锂生产线成功投产，六氟磷酸锂产业化初见成效，标志着我国成为全球第二个能够自主生产高纯晶体六氟磷酸锂并达到产业化的国家，打破了日本的封锁。

然而，即便攻克了六氟磷酸锂生产工艺的操作难题实现了量产，国内外企业对这家中国内地名不见经传的民营企业能够生产出这种高新技术产品一直存有疑虑。为了消除这种疑虑，多氟多销售团队带着自己生产的六氟磷酸锂让锂电池企业免费试用。但是，许多企业因为对国外产品过于信赖，仍然迟迟不敢使用国内产品。为了证明自己的产品质量优异，多氟多决定用自己生产的六氟磷酸锂生产锂电池，让电动汽车厂家免费试用。

为了进一步获得高端客户的信任，2010 年 12 月，多氟多自己投资成立全资控股子公司——多氟多（焦作）新能源科技有限公司，注册资本 8.2 亿元，开始研发电池、电机、电控等新能源电动汽车动力总成的核心技术。这一招果然有效，看到使用效果后，客户开始建立信任。目前，六氟磷酸锂电池已成功切入韩国高端半导体供应链，且持续稳定批量供应，出口数量位居国内前列。多氟多用同样的方法在电解质领域也打进了高端化市场，多氟多研发的双氟磺酰亚胺锂（LiFSI）具备电导率高、热稳定性高、耐水解、抑制电池胀气等诸多优势，其电子级氢氟酸等产品已稳定供货包括台积电、韩国三星、德州仪器在内的多家头部半导体企业。

多氟多通过让高端客户免费试用的模式打消了客户疑虑，获得了信任，吉林碳谷也采用了一种类似的方法，即通过模拟应用场景、提供到厂技术服务和制定标准来解决应用难点、增强高端客户信心。

【吉林碳谷：模拟客户应用场景绑定客户】

吉林化纤集团下属吉林碳谷坐落于吉林市国家级经济技术开发区，于2008年12月成立，是全国最大的碳纤维原丝生产基地。吉林碳谷主要生产1K～50K碳纤维原丝、碳丝多个品种，其中25K、48K大丝束产品属国内首创并规模化生产，碳纤维原丝国内市场化占有率在90%以上。

长期以来碳纤维的生产技术一直被美、日等国家控制，并对中国实行严格的技术封锁和产品禁运。吉林碳谷是突破技术封锁、实现产品高端化升级大军中的一员猛将。

高端碳纤维在风电叶片、轨道交通、汽车部件、体育休闲及电缆芯、抽油杆等高端工业、民用领域应用广泛，近年来工业对碳纤维的需求呈现爆发式增长。看到这一市场趋势，吉林碳谷一方面突破小丝束转向大丝束生产中的关键技术瓶颈，另一方面推动成果转化、设计千吨级生产线，通过精细管理实现均质化、规模化稳定生产和增锭提产。然而，在产品实现量产后，很多下游用户对吉林碳谷的新产品信心不足、不敢购买，原因很简单，To B产品的经济成本高，转换供应商的风险成本大。客户的心理是：你必须让我降低使用风险和转换成本，我才能买你的产品。鉴于这种情况，吉林碳谷针对客户的应用场景开展持续的技术输出，同步支持产品销售与售后服务，并通过行业标准化建设让客户心悦诚服掏出钱袋子购买。

首先，模拟应用场景，增强大丝束客户信心。

吉林碳谷为实现大丝束原丝在下游碳化企业中的广泛应用，干了一件"出格"的事：它自筹资金引进了一套200吨碳化试验示范线，同步引进具有国际权威的原丝、碳丝检测仪器及检验方法。目的很简单，就是针对客户的应用场景培训技术、培养人才、培育市场。换句话说，自己出钱培养用户，甚至是模拟用户。

有了这套碳化试验装置，吉林碳谷对新客户、新订单先是自己搞研究，模拟用户使用过程，将原丝产品自行碳化打通全工艺流程，找准原丝检验数据与实际碳化上机效果的比对趋势，掌握大丝束原丝制备及碳化中的技术难点和使用诀窍。随后，基于自己掌握的技术诀窍和方法，指导下游碳化企业调整适于大丝束的碳化工艺，由此增强客户应用大丝束原丝的信心。

其次，通过到厂售后技术服务，分担高端客户风险。

单靠模拟应用场景增强客户信心还不够，客户购买产品之后不断出现问题怎么办？于是，为鼓励下游企业用户使用大丝束原丝，吉林碳谷又采用了一种通过售后技术服务帮助客户分散风险的营销模式。

公司先挑选在聚合、原液、纺丝全工艺流程理论与实践中都顶尖的工程技术人员，送他们到澳大利亚迪肯大学、北京化工大学等新材料专业学习碳化技术核心原理。目的是让这些工程技术人员不仅对原丝产品特性及应用指标了如指掌，而且理解下游碳纤维制备工艺、装置的理论支撑以及与原丝相匹配的工艺，成为一个既懂产品又懂工艺还懂装置的全能型技术销售。有了这批人员后，公司派他们深入客户现场，针对客户难点采取技术服务到厂模式输出技术，帮客户分担风险，让客户用好吉林碳谷的原丝产品。

例如，下游企业吉林精功碳化线在使用25K新产品的碳化过程中出现了接丝不顺等难题。吉林碳谷的工程技术人员进行实地跟踪，与用户就接丝方法及碳化工艺问题深度交流，将200吨试验线碳化

25K 产品的经验、数据与用户分享，同时把用户使用原丝的反馈信息带回企业，形成联合攻关、数据共享的产业链对接模式，快速突破技术瓶颈，降低了吉林精功的新产品使用风险。这一招自然成功锁定了客户，让新客户变老客户。

最后，推动检验检测标准化建设，提升客户接受度。

只有模拟应用场景和到厂售后技术服务这两招还不够，吉林碳谷又发现，推动产品检验检测方法的标准化建设对客户接受并应用高端产品的意义重大。这很好理解，吉林碳谷的原丝指标经检测定级后出厂，客户购买后还要对入厂原丝进行二次复检。如果两次检测不一致，中间的问题就说不清道不明，显然会影响客户的购买和使用体验。

为避免因双方检测误差导致碳化工艺调整偏差，进而影响使用效果，吉林碳谷联合下游浙江精功、吉林精功、吉林方大等企业，开展了原丝理化指标检测方法标准化工作，实现出、入原丝"一双眼睛"指导上下游企业工艺调整。与此同时，为更好地规范大丝束碳纤维产品分类、质量、检验等方面标准，2018 年吉林碳谷牵头联合上下游相关企业提出制定大丝束行业标准，成功申请并已开展制定标准。用行业标准作为组织生产依据并对下游客户承诺，客户的信任度自然大幅度提升，也促进了大丝束的销售增长和产业化发展。

客户深度协同绑定的实质是获取新客户信任并使其成为老客户。高端产品的单价高，客户的购买决策复杂、转换成本高，所以更要注重这一点。企业家们都深知一个道理，在"内卷"时代的获客成本越来越高，20% 的高端客户能给企业带来 80% 的利润，而开发一个新客户的成本则是维系一个老客户成本的 3～10 倍。牢牢绑定高端客户，再让新客户变成老客户，企业就会获得最大的价值和利润回报。

专有品牌数字营销

当企业从中低端市场进入高端市场时,用户对产品的认知不会自动升级,此时必须通过品牌升级向客户传递产品高端化的信息。因此,如何形成高端品牌是企业高端化升级必须解决的问题。打造高端产品的专有品牌,利用数字化手段进行O2O(线上到线下)销售,已经成为众多中国企业高端化升级时的共性做法。下面让我们来看看无锡一棉和青岛浩丰是怎么做的。

【无锡一棉:特高支纱专有品牌的数字化销售】

无锡一棉在从中低端的粗中支纱产品向高端的特高支纱产品进军时,采取了"两手抓"策略:一手抓规模化生产,一手抓品牌升级。在突破规模化生产技术瓶颈的同时,销售部门就未雨绸缪地制定了"创品牌、接高档、进欧美、拓国内"市场营销策略,一方面积极开展市场调研、确定目标市场和目标客户,另一方面运用数字化管理系统,加强"TALAK"品牌建设,建立全流程客户服务,为特高支纱的产业化和提高企业市场竞争力打好"外围战"。

（一）提升品牌价值，推动"TALAK"品牌建设

品牌是企业的形象和无形资产，推进品牌建设、提升客户认知对提高特高支纱的市场占有率意义深远。事实上，无锡一棉从1998年开始就实施了品牌国际化战略，先在国内注册了"TALAK"品牌（TALAK意为"太湖"），后逐步在欧洲、亚洲和美洲共55个国家和地区注册"TALAK"品牌。

在特高支纱产品实现规模化生产后，无锡一棉继续主打"TALAK"品牌，但又结合高端化产品的特点，设计独特的品牌标志和包装，运用多种方式向客户传递高端产品特性、品牌价值和文化内涵，进而提升"TALAK"品牌的知名度和美誉度，吸引了更多的潜在客户和目标客户。

（二）研发全套的数字化营销技术，打造数字化销售模式

数字化营销是大势所趋，无锡一棉自然不会落后。但是，特高支纱的独特性和高端性让数字化营销必须做足功课，才能真正发挥作用。

特高支纱手感柔软细腻、穿着舒适，产品在高档家纺面料、色织面料、针织面料和内衣面料中应用前景广阔。正是由于特高支纱有这样的性能特点，加上数字化营销不单是销售部门的事，而是整个公司数字化水平的集中体现，于是无锡一棉从以下几个方面展开了工作。

一是培训和提升销售人员技能。在数字化转型的背景下，无锡一棉根据国际客户的个性化需求，培训和提升销售人员数字化技能和数据分析能力，培养出一支掌握数字化技能的特高支纱销售队伍。

二是建设大数据平台。公司利用 ERP 和 MES 系统产生的大量数据，自主开发了涵盖原料分析、成本分析、市场销售分析和质量数据的大数据平台，成为营销大脑，为特高支纱的精准市场营销提供了有力支撑。

三是建立数据驱动的销售方法。无锡一棉利用大数据分析平台，梳理客户数据，进而发现客户需求和行为，为制定精准销售策略提供了很大便利。

四是运用成本分析和利润预测模型。无锡一棉利用大数据分析平台建立算法模型，根据客户订单的品种规格和详细要求预判原料配棉，预算出品种的成本单价并预测出利润，进而预测出订单的交期，为销售强力赋能。

五是构建数字化的销售跟踪模型。无锡一棉对计划单数据、订单数据、销售数据、库存数据、设备数据、原料数据等进行集成设计，构建了排产总图及数据模型，对特高支纱优先排产进行突出显示，更直观地了解特高支纱的产能分布、交货进度、客户关系变化、开台产品的利润预测等。

一套数字化的"组合拳"下来，无锡一棉建立了从人员到平台、从数据到模型的全套数字化营销方案，打开了数字化销售的局面。

（三）建立全流程的客户服务体系

在特高支纱开始规模生产和销售后，无锡一棉根据客户反馈的问题，果断决策成立专门的用户服务部，制定服务流程和工作规范，加强售前、售中和售后全流程服务，构建完善的服务体系。

在理念上，树立"以用户为中心"服务理念，快速高效响应需求。

在模式上，建立全产业链上下游关系，与用户建成"利益共同体"，效益共享、合作共赢。

在服务上，加强服务人员内部培训，精通特高支纱的技术特性、使用注意事项和问题处理方法。

在管理上，通过"互联网＋"数字化管理系统为用户提供各式自助服务，如合同订单查询、合同跟踪查询、库存及发运查询、发票结算查询等。

数字化技术对无锡一棉市场销售的影响是深远的，它使销售过程更加智能化、数据化、个性化。在数字化手段的深度赋能下，无锡一棉自主品牌"TALAK"产品已成功配套国际高档服装面料和家纺产品，与HUGO BOSS、BURBERRY、ARMANI等著名品牌、一流企业对口链接，成为世界顶级的色织、针织面料用户的供应商。

无锡一棉的"TALAK"品牌通过数字化手段在全球彰显风采，而青岛浩丰则是通过品牌区隔和在线运营满足不同层次客户的需求，同样把高端品牌运营得风生水起。

【青岛浩丰：高端自主品牌的在线运营】

青岛浩丰在对传统的农业生产线进行在线化和智能化改造后，开始向市场销售高端化农产品，其中高端水果番茄等是主打产品。为了让这些在玻璃温室里用数字化技术管理长大的农产品得到市场、抢占市场，青岛浩丰设立了自主产品品牌并利用数字化手段持续探索蔬菜产品的在线运营新模式。事实上，蔬菜产品的在线运营模式并非全新模式，但青岛浩丰用自己的方式让它在新时代发挥了更大作用。

（一）设立品牌区隔，满足不同层次需求

青岛浩丰在规划品牌战略时，实施了品牌标准差异化定位。企业原有的一个品牌"绿行者"主打国际标准菜，如生菜。在这个品牌基础上，企业又连续孵化出"一颗大""哪吒豆豆"两个品牌，组成了品牌矩阵，定位在不同的客户群体，抢占消费者对高端水果番茄的心智认知。三大品牌具体如下。

"一颗大™"：定位为高端水果番茄专家，价位高。

"绿行者®"：主打国际标准蔬菜，价位中等。

"哪吒豆豆"：走高性价比路线，以经济型客户为主。

通过采用不同的产品分级标准、价格、差异化的包装设计形式，以及面向的不同销售渠道，青岛浩丰下属三个品牌可以满足消费者的不同需求。

（二）采用多元方式推进 O2O 数字营销

抢占消费者心智是数字营销最大的发力点，青岛浩丰以此为指导思想，采用了多元方式推进 O2O 的数字化营销。

在线上运营层面，"一颗大™"在抖音、小红书开设官方账号，通过邀请头部、腰部达人及 KOC（关键意见消费者）进行全方位、多角度、大范围推广，实现亿级曝光；同时联动知名综艺节目，通过产品植入实现千万级曝光。

在线上运营如火如荼的同时，"一颗大™"的线下运营也全面开花。在品牌上线前，青岛浩丰邀请业内知名广告公司进行品牌 TVC 拍摄，并与专业咨询策略公司合作，明晰品牌定位及差异化；在品牌正式上线后，通过线下梯媒 TVC 海量曝光，上海、北京两地多点位

资源投放，达成 2 亿次曝光。同时，公司积极参加中国品牌日、"好品山东"港澳山东周、FBIF 食品创新展、中国果品流通协会企业家年会、FHC 上海环球食品展等行业展会及活动，在杭州、上海等地参与市集活动并发起快闪活动，打造农产品的沉浸式品牌营销体验。

（三）从 To B 端到 To C 端的线上渠道建设

从 2015 年开始，青岛浩丰"绿行者"品牌售卖的产品在原有叶菜的基础上，开始增加番茄品类，前期业务渠道多以 To B 端为主，进军一线城市、特大中心城市的大型头部商超卖场。

2018 年 10 月，青岛浩丰正式成立电商部，注册线上"绿行者"品牌天猫旗舰店，正式开启了公司的 To C 端业务模式。2019 年销售额突破 200 万元，2020 年销售额同比增长 600%～700%，2021—2022 年更是在原有基础上翻了两番有余。后期电商渠道相继拓展至抖音、天猫超市、芭芭农场、盒马官旗店、盒马量贩等线上销售渠道，进行电商全域覆盖销售，好评率、复购率在各大电商平台排名前列。

"一颗大™"品牌在天猫、京东、抖音等主要电商平台开设品牌店铺共计 6 家，累计销量 350 余吨。其中天猫平台占据番茄行业排名第二位；京东平台店铺排名持续上升，占据茄瓜果类排名第四位，单品好评率高达 100%；抖音平台累计销售额高达 100 万元，店铺好评率高达 98%。在 2023 年天猫"618"及"双十一"中，"一颗大™"成为番茄品类销售第一。

（四）基于数字化产能预测的即时物流配送

青岛浩丰在拥有"绿行者""一颗大™"两大品牌并顺利运营的

基础上，进一步谋划向产销要效益，在日产日销工作上做足功夫。其中最富创新性的一个举措是进行数字化的产能预测，企业根据玻璃温室 T-30、T-15、T-7、T-3 未来的采收数据来制订销售计划：T-15 排定销售履约计划，T-7 确定活动量及价格，T-3 录入销售订单，T-1 加工包装部门根据销售 SKU（存有单位）储备包装耗材、人力，T-0 即采收、即包装、即运输，实现产供销链路"日产日销""零库存"。这种方式为消费者提供了最新鲜的即采番茄，使原来根据经验判断是否采摘变为数字化预测采摘，显著提升了采摘计划的准确性。

快就是生产力，快就是效益，对高端农产品来说尤其如此。为提升配送速度，青岛浩丰又与菜鸟全国八大仓签署合作协议，完全覆盖目标地区发货，实现品牌聚焦发展地区当日达、次日达，将目标地区消费者发货时效提高至 12 小时内，大幅度提高了消费者复购率及购买体验。

（五）青岛浩丰高端自主品牌的在线运营成效

对农产品这样具有极高体验性的产品而言，打造高端品牌形象并非易事。青岛浩丰在高端品牌打造这条路上虽然一路艰辛，但也收获颇丰。

截至 2023 年 7 月，"一颗大 ™" 品牌旗舰店平均老客户复购率为 8.33%、会员复购率为 37.91%、非会员复购率为 10.47%。

"一颗大 ™" 品牌首战 "618" 即荣登天猫 "618" 番茄品类第一，支付件数突破 10.7 万件，爆款产品串番茄单品成交 28 万盒，粉番茄单品成交 21 万盒。

高端品牌战略让青岛浩丰从贸易驱动公司蜕变为品牌驱动公司，逐步建立起核心竞争力，推动智慧农业让产业链的各环节都实现价值增值并成为利润中心。

  高端品牌的建立不是一朝一夕能完成的,它是时间的函数。不论是无锡一棉对已有品牌的深度运营,还是青岛浩丰推出品牌区隔策略,都是企业在高端化升级过程中建立相应品牌的有益尝试。只要迈出了这一步就是成功的。想想看,比亚迪从当年汽车业里的低端品牌形象一步步走到现在,不也用了20年的时间,可当年谁又觉得它会像今天这样风生水起呢?突破技术、坚定信心、精准谋划,高端化品牌就一定会向我们走来。

第六章

无机制，不升级

——用新机制，整合与激活内外部高端资源

企业的高端化升级是一个系统工程,而要让一个系统真正动起来,有一样东西极其重要:机制。对企业高端化升级来说机制尤为重要。原因很简单,高端化升级需要汇聚众多内外部资源并将其捏合起来。但是,客户资源、人才资源、技术资源、金融资源、供应商资源、政府资源、大学院所资源……这么多资源通过什么方式吸引过来、怎么激发活力,又怎样把整个创新链条的不同环节打通,对企业来说是个"大考",其核心就是机制。不同企业的机制大有不同,导致的结果也完全不同。

企业高端化升级背后的机制,绝不是签个合同、一次性合作或建个联盟那么简单。大量案例经验表明,必须建立强关联关系,绑定形成利益共同体、创业共同体,利益共享、风险共担、一荣俱荣一损俱损,才有可能真正突破瓶颈,打通创新链和形成商业闭环。

成功实现高端化升级的企业,背后一定都有一套有效机制发挥黏合剂和催化剂的作用。中国企业在高端化升级的道路上一直在寻找这样的机制。基于大量案例分析,我们总结出四种具有中国特色并得到验证的机制:创新链闭环机制、创投持股机制、内创业机制和新型举国体制。

第六章 | 无机制，不升级 |

打造创新链闭环机制

企业在高端化升级过程中，怎么打通从前端研发、中间制造到后端销售的全过程，怎么将内外部的关键资源捏合形成一个运转良好的创新链闭环，考验的是企业家的机制落地能力。中国企业在实践中摸索出了两种有效做法：一种做法是通过打造强关联的产业生态或创新联合体的方式形成创业共同体，加速创新链闭环的形成；另一种做法是从一开始就做到"市场为导向、客户为中心"，一切从需求出发，从销售的角度进行研发设计。下面我们通过四个企业案例来看看创新链闭环机制具体是怎么落地的，它们分别是蚌埠院、太原钢铁、国睿科技、中国飞机强度所。这几个案例虽然行业不同、产品各异、规模也有大小，但它们都不约而同地打造了创新链闭环，推动技术突破和产业化应用。

【蚌埠院：科技成果产业化全环节的深度协同】

蚌埠位于安徽北部，平常并不太引人关注。然而就是在这样一个城市，诞生了全世界最好的玻璃研发和制造企业之一：蚌埠院。之所以说它是最好的之一，是因为它在从一个科研院所向企业化转型的过程中，成功打造了创新链闭环，让一项又一项的科技成果通过这个闭环链条变为实实在在的产业，也让自己不断突破技术突破迈向高端化。

打通创新链闭环的最大难点，在于从科研成果到研发、中试、产业化的过程存在诸多藩篱和堵点。人们也都知道破除藩篱、打通堵点，但落地时却没有好办法。科技成果转化的一切目的，甚至唯一目的就是实现产业化、获得市场认可。因此，如何打通堵点是人们关注的焦点。蚌埠院针对这一问题，强力推动科技成果产业化全环节间的三类协同，收效良好。这三类协同是研发与中试的协同，中试与产业化的协同，研发与产业化的协同。

1. 研发与中试的协同

研发代表的是科研成果，中试代表的是工程化，两者的协同是第一个要解决的问题。

蚌埠院从一开始就充分考虑科研成果的工程化和可操作性，对负责中试的工程公司提出操作要求，工程公司据此不断完善核心设备和关键工艺，并对中试结果遇到的实际问题改进技术原型，由此实现双向良性促进。

以空心玻璃微珠的制备技术及其专用生产设备的研制开发为例，工程公司在实验室研发阶段前期物性、工艺参数探索的成果上，通过建设小试线探索设备、工艺的匹配性及产品的稳定性，逐步确定玻璃粉末法制备空心玻璃微珠的工艺路径。随后通过建设中试线，固化关键设备选型、工艺参数设计及质量控制方案，具备小批量的生产能力。同时，工程公司根据中试过程出现的问题，持续进行过程的模拟、仿真及实践研究，指导中试过程的开展，不断进行工艺参数改进。基于这种协同研制出的国家"863"项目三种型号的高性能空心玻璃微珠产品，经过测试全面完成各项指标，通过国家验收。

2. 中试与产业化的协同

为增强中试与产业化的协同，蚌埠院采用了一种新模式，在"人"上做文章，即技术产品在批量生产前，工程公司会与项目产业公司紧密结合，将中试环节的关键科技人员与产业化过程中的核心技术人员组成联合项目团队，根据市场需求改进成果，以此降低科技成果转化面临的市场不确定性。

以蚌埠院建设的国内第一条具有完全自主知识产权的超薄高铝盖板玻璃生产线为例说明。由于高铝盖板玻璃原材料难熔化、难澄清、高黏度、难成形的特殊性，加之生产工艺长期被国外封锁垄断和知识产权壁垒，没有任何值得借鉴的经验可循。

为解决各工序的重大质量和工艺技术问题，蚌埠院国家重点实验室功能玻璃所研发团队、工程公司核心工程设计人员与高铝公司技术团队联合成立了技术攻关小组，对料方调整、熔化、成形、退火、切裁、装载、包装等各个工序环节的数十个工艺与设备难题进行技术攻关研究，经历了大量摸索和尝试，不断降低能耗、提升品质、稳定运行，最终实现了平整度、厚薄差、表面缺陷等的好转，为超薄高铝盖板玻璃的成功下线奠定了坚实基础。

2018年4月3日，项目产业化公司中建材（蚌埠）光电材料有限公司成功下线超薄高铝盖板玻璃，产品的成功量产实现了高端盖板玻璃的国产化，增强了国际市场话语权。

3. 研发与产业化的协同

一个成功的科技成果转化，还必须实现研发与产业化之间的双向协同。

蚌埠院以产业化需求为目标，所有研发的技术、工艺、装备和系统都需要在产业化过程中进行验证，在产业化过程中出现的问题，又会反馈到研发部门去，进行技术改进和更新。反过来，产业化过程中精细化的管理和技术、装备的创新，会进一步促进技术的迭代提升，为科研提供了实践基地。

以开发的0.12毫米超薄电子信息显示玻璃生产线为例，研发初期设计目标厚度为0.33毫米，虽然通过技术攻关实现了设计厚度玻璃基板的成功量产，但在线切割、堆垛和包装中出现了玻璃易碎难题。把问题反馈到研发部门后，研发人员通过反复试验，对装备和系统进行改进、再试验、再研发，实现技术的迭代提升，先后突破0.3毫米、0.25毫米、0.2毫米、0.15毫米，并最终创造了0.12毫米超薄浮法电子玻璃工业化稳定量产的世界纪录。

与蚌埠院的做法类似，太原钢铁在研发高端不锈钢产品时，采用了产销一体和协同研发的方式打造创新链闭环，成功突破了技术和量产瓶颈。一起来看看它的做法。

【太原钢铁：产销一体与协同研发打造创新链闭环】

太原钢铁如今是全球不锈钢行业领军企业，但这一市场地位的获取来之不易。太原钢铁很早就意识到，我国虽然是钢铁大国，但不是钢铁强国，技术含量高、工艺复杂的产品完全依赖进口，诸如笔尖钢、超薄超宽薄带、高等级不锈钢等的核心技术被少数国家封锁和垄断，严重损害国内下游产业安全。为改变这种局面，太原钢铁确定了研制开发高、精、特、新产品，解决"卡脖子"技术问题替代进口、强化首发首创首用的高端市场竞争之路。为达到这一目标，太原钢铁摸索出了一套快速响应客户需求、产销一体与长效实体协同研发打造创新链闭环的有效机制。

（一）建立产销信息化系统和用户快速响应机制

太原钢铁发现，要由常规同质产品向超薄、超宽、超厚等特色高端产品转变，首先必须深刻把握用户需求、以需求为导向进行研发。为快速响应客户的需求，太原钢铁建立了"产销一体化管控平台"，对用户个性化的需求合同进行快速评审并组织生产，实现统一生产组织协同。

——在业务流程设计上，太原钢铁采用全生产与管理工序集成设计的模式，把炼钢和轧钢的生产现场控制、生产计划与调度管理、质量管理与控制、财务管理、销售管理等公司生产制造管理的全流程进行纵向集成和横向集成，形成产销一体化系统；

——在质量控制上，为了达到按客户的需求进行质量、生产工艺过程控制的要求，太原钢铁采用在线采集和实时处理与客户订单相关的所有信息，全程跟踪和实时监控客户订单的实施进度并向客户提供技术服务；

——在生产工序上，太原钢铁通过计划监控、生产调度对生产现场各种复杂问题进行实时处理和动态优化，通过联通管理平台与现场控制设备，实现数据的无缝链接与信息共享，贯通所有生产工序。

比如，在笔尖钢的突破过程中，太原钢铁采用了与下游制笔企业共同研制、共同试验的方式。太原钢铁的笔尖钢经过生产加工后，制笔企业马上安排试验试用，并将情况和不足及时反馈给太原钢铁。经过4年的攻关、1000多次的试验，太原钢铁成功开发笔尖钢材料——"中国芯"，使下游产业用户不再受原料供应制约，合作用户涵盖80%以上的国内不锈钢笔尖专业生产企业，一举扭转了中国笔芯依赖日本进口的垄断局面。太原钢铁的笔尖钢投入市场后，国外笔尖钢价格从每吨12万元一下子降到了每吨9万元。

（二）向内打通：赋予技术中心更大的权限职能，打通内部堵点

传统的企业研发活动主要从技术角度入手，对市场端因素考虑较少。同时，企业往往会将技术中心定位为成本中心，这使得技术中心的职能有限、权限不足，处于弱势地位，在创新中难以真正成为创新主体，也难以根据市场需求进行创新资源配置。

为解决上述问题，太原钢铁以需求为导向强化技术中心在太原钢铁中的职能和地位，形成以技术中心为基础、覆盖全公司的创新网络。这种通过增强组织职能来打造企业创新网络的做法颇有新意。

技术中心是太原钢铁研发新产品的核心部门，负责钢铁产品技术、冶金工艺技术、产品应用技术的创新及超前研究。一方面，太原钢铁强化技术中心的硬件投入、吸引高端人才加入，持续提升技术中心的研发能力。另一方面，太原钢铁明确技术中心是企业技术创新主体和科技管理的主体，并赋予其质量管理职能，强化其吸纳和配置优质科技资源服务于企业战略目标的职能。此外，太原钢铁还通过信息化建设，实现各生产单元的"研发人才、试验装备、检测准备"等资源与技术中心共享，为公司长远发展提供技术支撑，又为生产现场提供技术服务，各生产单元也可以借助信息化平台参与技术创新和新产品研发。

质量管理职能和配置优质科技资源的赋权，让技术中心从传统科技研发中心扩大为一个直接联系生产制造和客户需求的部门，打通了上下游环节。

（三）向外打通：建立长效实体式协同机制，打通外部堵点

除了"眼睛向内看"，太原钢铁还"眼睛向外看"，通过捆绑外部

重点实验室、高校院所、行业协会等资源,建立了长效实体式的"产学研"协同创新机制。

一是与科技部依托太原钢铁设立的先进不锈钢国家重点实验室进行协同研发,在技术资源、仪器设备、研究成果方面实现高效协同。

二是与高等院校、科研院所进行协同研发。太原钢铁选择与钢铁研究总院、北京科技大学、美国匹兹堡大学、韩国浦项工业大学等24所国内高校/科研院所开展科研合作,合作项目累计达到154项。合作范畴从以单一技术开发为主逐步向人才培养、成果产业化应用、集成技术发展;合作方式逐步从以科研项目为载体的合作向实验室共建、集群式领域战略合作发展。

三是与行业协会开展协同研发。一方面,太原钢铁通过与下游行业协会(如汽车协会、船舶协会等)的交流,及时了解下游行业对高端产品的共性需求、制约产业发展的主要因素、所需进口产品性能和指标、替代进口的可能性及技术方案;另一方面,太原钢铁与行业协会协同建立创新联盟、如高速铁路用钢联盟、海洋工程用钢产业技术创新战略联盟、山西省碳纤维暨复合材料工程技术研究中心等,合作推进进口产品的替代工作。

(四)闭环激励:围绕重大工艺和质量问题,采用命题承包制

要打造创新链闭环,必须全员用命、全员激励、全员突破。为此,太原钢铁在集团内推行了课题首席负责人公开竞聘、命题承包、按效取酬等一系列措施,并明确提出对研发损失不作绩效考核,鼓励科研人员大胆探索、主动创新。命题承包人可以根据需要牵头相关部门成立攻关小组,揭榜响应;根据命题要求制定攻关方案,并进行答辩,

通过后组织实施。项目结题通过评审后，根据完成情况给予专项激励。

对于公司确定的重大项目和重点品种开发，实行 SBU（战略经营单位）管理体制。SBU 由生产、营销、科研人员组成跨部门团队，根据市场需要进行科研攻关，打破了企业内部的条块分割。比如针对高铁轮轴钢，太原钢铁成立由技术中心牵头、营销部、制造部及炼钢、轧钢生产单元共同组成的矩阵式战略经营单元，技术中心牵头研发，制造部门安排在生产单元试产，营销人员联系顾客试用并反馈问题，从而充分发挥研发人员、生产管理人员、营销人员的专业特长和积极性。太原钢铁每年确定十几个 SBU 项目，明确目标和奖励额度，年度完成后根据完成情况进行奖励兑现。

基于客户需求导向的产销一体与协同研发打造创新链闭环，太原钢铁新产品的投放速度大大提高，实现了不锈钢品种规格全覆盖，多种产品填补了国内甚至世界钢铁材料的空白。高端和特色产品占到钢材总量的 80% 以上，16 个产品国内市场独有、21 个产品市场占有率第一、30 多个品种成功替代进口。耐热、双相、复合板、磨砂板等不锈钢附加值产品大批量出口欧美地区，出口量占公司不锈钢材总产量的四分之一，全球影响力大幅提升。

以替代进口为例。厚度为 0.02 毫米"手撕钢"此前基本全部依靠进口，通过太原钢铁的研发和工业化生产，不仅有效替代了进口，而且将宽度扩大到 600 毫米，太原钢铁成为全球唯一可批量生产该产品的企业。解决垄断后，国外同类产品的价格大幅下降 50%，引领了世界不锈钢超薄带钢的发展方向，该项目获得 2019 年中国钢铁工业协会、中国金属学会冶金科学技术奖唯一特等奖。

看过太原钢铁这家制造业企业的案例，我们来看另一家提供系统服务的企业国睿科技，它的做法是通过打造上下游生态圈的方式构建创新链闭环，很有特色，值得借鉴。

【国睿科技：打造上游—下游生态圈，形成创新链闭环】

国睿科技是由中国电科集团第十四研究所整合优势资源组建而成的，于 2013 年在上海证券交易所上市。国睿科技是城市轨道交通信号系统的总体单位，这个身份决定了它具有链主的潜质。也正是基于这样的身份和技术能力，国睿科技通过打造上游—下游生态圈，推动创新联合体的建立，收效良好。

首先，以链主身份建立创新联合体，实现上下游企业抱团发力。

城市轨道交通信号系统涉及元器件、嵌入式板卡、操作系统、数据库、开发工具、软件系统、通信设备等产业链上下游多个方面，必须形成合力抱团发展。为此，国睿科技牵头产业链的上下游机构建立创新联合体，做到需求与供给相互牵引、前端与后端无缝衔接，形成一种长效化、强关联的产业链协同生态圈（见图 6-1）。

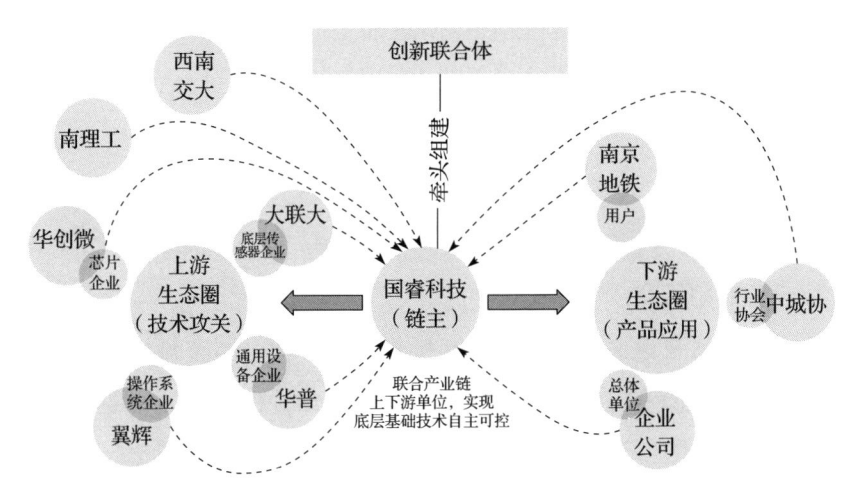

图 6-1　国睿科技打造的轨道交通产业链系统协同生态圈

第一，国睿科技通过加强与上游企业的协同发展，打造了轨道交通信号产业稳定的供给生态圈，保障轨道交通信号系统配套产品的高效稳定供应。

第二，国睿科技积极加强与产业链下游单位的合作，推动了自主化产品项目的市场推广应用。

其次，在上游生态圈建立创新联合体共治共享机制。

国睿科技建设的上游生态圈，是一种采用共建共治共享机制打造的企业科技创新平台。一方面，由高校院所、企业等多主体共同参与，成立了多个创新资源开放共享的创新平台；另一方面，通过创新联合体、创新平台等载体，基于行业共性关键技术、基础前沿技术攻关需求，相关成员单位联合参与国家重大科技任务，承担国家重大科技项目，实现技术的共建共享。

第一，2020年国睿科技联合江苏华创微、翼辉信息，获批"工信部协同攻关和体验推广中心项目"，联合开展国产化二乘二取二安全计算机平台研制。

第二，2021年国睿科技联合南京理工大学，获批组建"江苏省城市轨道交通信号工程研究中心"，开展了全自动运行信号系统产品研发及工程化研究。

第三，2022年国睿科技与南京理工大学、南京地铁共同建立"交通信息融合与系统控制工信部重点实验室"，开展轨道交通信息融合与智能控制研究。

第四，在轨道交通信号芯片与操作系统方面，国睿科技与自主化企业江苏华创微及翼辉信息进行联合攻关合作，保障产品底层核心模块的自主可控。

第五，在轨道交通信号系统嵌入式板卡生产环节，国睿科技与无锡华普公司进行战略合作，发挥其嵌入式板卡制造优势，保障板卡的生产与制造。

第六，在时刻表编制产品的研发环节，国睿科技联合西南交通大学进行合作开发，快速实现了城轨时刻表技术的突破。

通过创新平台联合建设和重大科技任务的联合攻关，创新联合体成员单位在技术人才、平台使用、核心技术等方面形成了共建共治共享。

再次，在下游生态圈建立市场协同机制推动产业化应用。

基于订单牵引和资本合作推动产品应用是国睿科技打通创新链上下游的一个妙招，具体表现在以下两个方面。

一是牵头获取重大集成项目，带动联合体单位的产品应用。

作为城市轨道交通信号系统的总成单位，国睿科技积极牵头获取项目，通过实体化运作，带动联合体单位产品应用。国睿科技先后承建南京、南昌、哈尔滨、福州、苏州、徐州等多地地铁信号总成项目，拿到近20亿元的订单，涉及南京、南昌、哈尔滨第一条国产自主化信号系统地铁项目，南京、苏州、福州第一条全自动（无人驾驶）信号系统地铁项目等。牵头获取信号系统项目，一方面实现了国睿科技全自主化信号系统的应用，另一方面带动了创新联合体成员单位在通信、消防、乘客服务、测试验证等系统领域的应用，以及大屏、嵌入式板卡、维护监测等设备的技术创新和应用，拉动了产业链技术和产品创新研发。

此外，国睿科技还通过加入行业联盟，带动技术创新示范应用。国睿科技是中国城市轨道交通协会会员和理事长单位，通过与产业链下游中国城市轨道交通协会紧密合作，开展核心技术联合攻关、参与标准编制，在协会牵头下加入国家示范工程项目，这些举措也极大带动了新技术产品的应用。

二是建立资本运作机制，促进产品应用与市场拓展。

为进一步加固与创新联合体用户单位的合作，带动联合体单位技术和产品的市场应用，国睿科技与南京地铁成立睿行数智合资公司，通过资本合作建立了"建运管"一体化平台，形成产品实施交付、运营与运维管理的全生命周期服务的商业模式，带动了新产品和服务的落地应用。

在自主化信号系统方面，国睿科技与南京地铁联合开展技术攻关，实现了多个系统在南京的首次应用，并带领联合体单位产品走出南京，服务全国多省市地铁项目。比如，在智能运维系统方面，国睿科技与南京地铁探讨运维需求，实现多专业综合智能运维系统的开发，并通过南京地铁的应用示范，成功打开了苏州、南通、重庆等市场，形成了数亿元的市场订单。

最后，设立创新联合体的激励机制。

创新联合体的紧密合作需要有效的激励机制，为此国睿科技从以下两个方面入手。

一是建立了研发项目收益分红机制，激发自主化技术突破和产品应用。

为加快科技成果转化效率，国睿科技建立了自主化产品研发项目收益分红激励机制。该激励机制从自主化产品工程项目创造的利润中提取一定比例的专项激励基金，奖励轨道交通自主化信号系统核心团队。比如，由创新联合体完成的轨道交通自主化信号系统项目得到应用，获批2022年中国电子科技集团公司研发收益分红项目，实现累计分红近300万元，促进了核心骨干与创新联合体之间的互相支撑与成果共享，推动联合创新机制的高效运行。

二是设立了创新联合体奖励激励，推动协同攻关任务的完成。

为了保障和激励创新联合体高质量完成攻关研发项目任务，国睿科技开展了协同创新激励机制建设，并推动政府组织行业专家从协同创新的 8 个维度进行考核，按照三个等级考核并设立不同额度的激励金。这 8 个维度是创新联合体协议执行、创新联合体运行、资金投入、联合攻关推进、联合体市场竞争、联合科研计划、联合体双创载体与人才培育、联合平台共享。在这一激励机制的作用下，2022 年创新联合体高效协同运行取得重大协同攻关突破，获得最高奖励金 400 万元，极大激励了联合体成员的协同创新。

国睿科技通过打造上游生态圈和下游生态圈的创新联合体，形成了创新链闭环，保障了自主化信号系统产品的成功研发和产业化应用。

第一，截至 2023 年，创新联合体已形成 16 项关键核心技术，其中 7 项技术为国内首创，自主化的两代城轨信号产品已达到国际先进水平，形成了自主化、系列化的技术和产品谱系，打破了国外长期对该技术领域的垄断，相关产品在全国多地实现了对进口产品的首次替代。

第二，创新联合体加快了城市轨道交通自主化与智能化信号产品的工程化与产业化，实现了该系统在南京、南昌、哈尔滨、福州等省市轨道交通工程项目中的应用。

第三，技术的突破和产业化应用让国睿科技的经济效益显著提升。国睿科技 2021 年和 2022 年的轨道业务累计实现收入 15 亿余元，项目利润由 10% 提升至 30%，企业近 3 年利润再创历史新高，实现净利润 4.66 亿元（2020 年）、5.29 亿元（2021 年）、5.53 亿元（2022 年）。

国睿科技"链长"的身份令其在形成创新链闭环的过程中能够快速打造上下游生态圈。然而，中国飞机强度所面临的问题，是如何将其在军品中积累的技术能力和经验向民品市场延伸，这同样需要打造创新链闭环，下面来看看这家企业的故事。

【中国飞机强度所：内外部双驱动的创新链贯通】

中国飞机强度所在产品强度检验检测方面积累了丰富的经验，但在向民品客户提供服务的过程中却遇到一系列的创新堵点。2015年以来，为密切对接市场，中国飞机强度所确立了"技术产业"的理念定位，即基于强度核心技术开发低成本、高附加值的技术服务和高端产品，向外部客户提供专业的验证服务。但要实现这样的定位转型并不容易，中国飞机强度所经历了一个从需求端到实现端贯通创新链的艰苦探索过程。

（一）尊重市场需求，转变研发思路

中国飞机强度所以往的发展特点是"技术固化、产品定型"，缺乏应对市场多样化、差异化要求的能力。然而，中国飞机强度所的领导意识到，技术先进，却不一定能够满足客户需求；产品质量好，却不一定是客户最佳选择。为此，中国飞机强度所开始转变研发思路，针对客户具体需求，建立技术指标清单制，为客户提供个性化定制服务，实现从"重产品、轻需求"向"重需求、优服务"的转变。例如，下属子公司安思锐科基于指标清单制，实现了全部货架产品的可定制化生产，目前其减震器产品种类基本满足了国内军用航空减震器市场。

此外，中国飞机强度所还完善面向市场的管理机制，建立了市场计划、销售计划和客户计划，实现市场对接。中国飞机强度所将战略目标落实到计划中，增强市场人员对市场规划、目标与计划的理解，有效提升企业的市场把握能力。同时，中国飞机强度所对客户进行分类，将各类客户需求、市场风险和售后服务与相关技术专业对接，并

建立对接机制,让市场了解和熟悉强度技术,促进强度技术走向市场。

(二)成立三个中心,利用内外部驱动力形成闭环

中国飞机强度所将创新链划分为三个相互衔接的创新:基础创新、工程创新和产业创新。为促进这三类创新的无缝对接,提高产品研发、技术研究与工程应用间的黏性,中国飞机强度所专门建立了基础创新中心、工程创新中心和产业创新中心。三个中心的分工定位不同:基础创新中心聚焦于基础研究和应用研究;工程创新中心负责将应用于航空型号研制的成熟技术进行迁移研究;产业创新中心则根据市场需求进行产品孵化,形成成熟产品或技术并将其推向市场。其中,产业创新中心的输入来源于基础创新中心和工程创新中心具有市场潜力的研究成果。三个中心通过外部驱动和内部驱动的双轮运行机制,实现了从需求端到实现端的创新链贯通(见图6-2)。

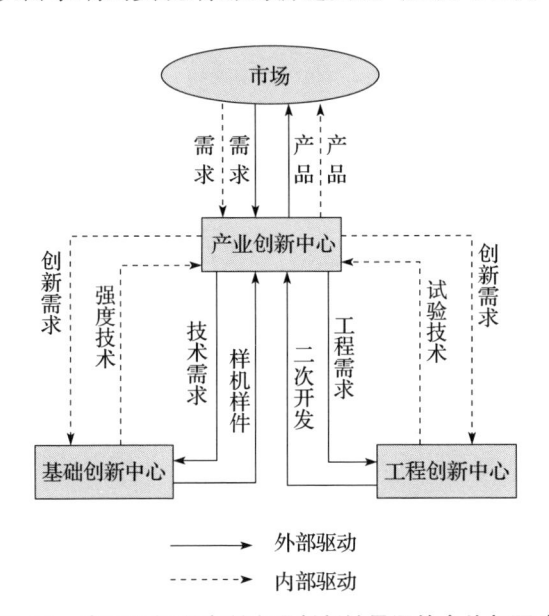

图 6-2 中国飞机强度所实现创新链贯通的内外部驱动

外部驱动机制以产业创新中心为主体对接市场需求，通过需求管理对市场需求进行识别和分类。其中产业需求通过产业创新中心独立孵化予以满足，可直接留置产业创新中心进行创新孵化；技术需求必须进行前沿理论研究、技术探索，输入至基础创新中心进行前期研究，以原理样机、样件形式交付产业创新中心进行孵化；工程需求可借鉴工程中心现有技术能力，进入工程中心进行定制或二次开发，交付产业创新中心推向市场。

内部驱动机制基于强度技术的不断提升，持续产生有价值的成果和产品。基础创新中心形成的先进强度技术研究成果及工程创新中心形成的试验技术等研究成果可输入产业创新中心，通过产业孵化形成新型产品或技术并打入市场。在市场推广过程中，针对由强度技术和试验技术孵化形成的产品进行提升的需求，通过产业创新中心输入基础创新中心和工程创新中心，构成创新活动的两条闭环回路，实现强度技术创新的不断迭代。

（三）加速产品孵化，在子公司引入混改机制

为了打通创新链各环节、加速形成闭环，中国飞机强度所还进行了配套改革，重点是建立强度技术孵化器和引入子公司混改机制。

首先，打造了强度技术创客空间，加速技术产品的孵化进度。

中国飞机强度所打造的强度技术创客空间构建了完备的技术创新平台。

在资源投入方面，采取"场地+资金"相结合的资源支持模式。

在场地方面，根据项目实际，提供研发测试、技术沙龙、开放展示等功能区域，累计提供超过1000平方米的独立的运行场所和完备的基础设施。

在资金方面，依托中国飞机强度所创新基金，根据技术产品孵化进程和预期效益，给予不同额度的基金支持，年均投入超过2000万元。

在项目和人员管理上，强度孵化器采取了"先行先试＋灵活进出"模式。

在项目管理方面，项目选题聚焦市场前瞻性、技术领先性、实施可行性；在项目实施中，提供全过程专家指导支持。此外，定期评估项目，对实施质量不高、逾期未完成的项目及时中止，保证投入产出效率。

在人员管理方面，采取"项目矩阵式＋部门职能式"的管理方式。在项目初期，根据项目对人员的技术需求，对有意向进入创客空间的技术人员的技术能力和水平进行评估，择优进入；在项目中期，由项目团队按照对项目的贡献度进行绩效考核；在项目后期，根据项目进展情况，对团队人员适时调整、灵活进出。比如，中国飞机强度所根据民航飞机的座椅液压锁产品市场需求，组建了产品研制团队，针对关键结构和液压技术进行攻关形成了产品样件。

其次，引入混改制，激发了子公司活力。

中国飞机强度所通过试行子公司混合所有制改制，激活了子公司自主经营活力，生产力大幅提升，先后完成了复合加载试验台、电惯量模拟试验台等系列大型复杂非标测控装备研制，打破了国外技术垄断，并自主开展了民用航空、轨道交通领域配套货架产品的孵化与研制。

创新链闭环的打通让中国飞机强度所收益颇多，并顺利打入工业民品市场。

在产品层面，中国飞机强度所与民用工业开展研制合作，如将衍生于静强度的技术应用于石油油井管研制生产的复合加载试验设备，形成了从500吨到3000吨规格的系列产品，在国际公开招标中击败了美国应力工程公司等跨国企业，打破了国外的技术封锁。

在服务层面，中国飞机强度所实现了从试验设备研制到为客户提供综合解决方案的技术服务突破，先后承担中车集团长春客车公司噪声实验室的建设项目、吉利汽车车体材料性能试验项目等。

在产业层面，中国飞机强度所融入民用工业产业链，如与中国航发商发联合研制发动机轴类试验器，实现了轴向力、主扭矩、旋转弯矩和振动扭矩的精确施加，最高加载频率接近20Hz，达到了行业领先水平。

上面四个案例告诉我们一个简单的事实，当人们还在讨论产业生态或客户导向概念时，已经有企业在用构建产业生态的方式形成创新链闭环，在以客户为导向推动逆向创新、从设计端就开始考虑最终的销售，进而实现高端化升级。所以，打通上下游各个环节形成创新链闭环的机制已经不再是一句口号或一个概念，而是已经成为企业真正落在实践中的行为和举措，是企业正儿八经在做的一件事。有了这样的宝贵经验和做法，何愁不会实现高端化升级？

第六章　｜　无机制，不升级　｜

活用创投持股机制

用创投机制整合外部社会资本，用混改方式引入外部高端资源，用核心员工持股方式激活内部智力，这些做法都是要打造一个以股权为纽带的长期利益共同体，这种强关联的机制成为企业高端化升级的金融助推剂、资源催化剂。事实上，创投、混改、员工持股这些方法早已有之，关键是如何在企业的高端化升级中加以活用，颇具创造性。吉利远程的"全环节合作方创投链合上市计划"与蚌埠院的"科技成果转化全环节股权激励"，它们各有侧重，又殊途同归。

【吉利远程：全环节合作方创投链合上市计划】

吉利远程采用了电动和醇氢两条技术路线打造商用车，而要让技术路线落地必须有产业链关键环节参与方的通力合作。如何让这些关键环节顺利运行而不至于"卡壳"，如何深度绑定参与方，吉利远程从一开始就创造性地推出了"全环节合作方创投链合上市计划"，让全生态、全价值链的合作方以创投的方式加入上市计划，形成强大而紧密的利益共同体，改变了之前企业往往只关注产品层面合作、缺乏通过资本手段打造更长效紧密产业生态的不足。

（一）顶层谋划：产品市场与资本市场的"双轮链合"

吉利远程的竞争可以分为两个层次：产品市场竞争，资本市场竞争。通过在资本市场上市融资，吉利远程大幅提升自身的资金统筹能力和社会影响力，从而进一步提升吉利远程的产品市场竞争力，形成产品市场与资本市场的良性互促。

首先，吉利远程谋划了"三驾马车"的产品市场。

"三驾马车"是指"汉马科技、远程科技、醇氢科技"，这三家公司一方面承担着各自定位的产品市场任务，另一方面被赋予了三个资本平台的重要角色，分别承担着制造端上市、电动商用车上市、醇氢商用车上市的任务。

汉马科技即汉马科技集团股份有限公司是吉利远程旗下的控股上市公司。汉马科技专注智能制造，打造新能源商用车生产基地、研发基地和产业链核心零部件生产配套基地，具备整车、专用车、动力总成三大业务板块，承载着吉利远程制造端上市资本平台的定位。

远程科技即吉利远程科技有限公司，系吉利远程旗下全资子公司，专注于以纯电驱动和增程式电驱动的动力系统为核心技术路线，聚焦电动商用车的研发与运行，拥有绿色慧联、万物友好等绿色运力平台，承载着吉利远程电动智能商用车上市资本平台的定位。

醇氢科技即浙江醇氢科技有限公司，系吉利远程旗下全资子公司，以液氢能源、甲醇动力为核心技术路线，围绕液氢能源甲醇重卡的运行与研发平台，聚焦甲醇燃料生产及加注体系，承载着吉利远程醇氢动力商用车上市资本平台的定位。

其次，吉利远程谋划了关联方上市的资本市场。

在汉马科技上市后，吉利远程又开始推动远程科技、醇氢科技

IPO（首次公开招募）计划。在远程科技、醇氢科技IPO推进过程中，吉利远程主动吸取全生态、全价值链合作方资源加入上市计划，使这些合作方不但在产品市场层面与吉利远程共成长，并且在资本层面享受上市后的资本增值收益，实现产品与资本的双重战略合作，真正形成命运共同体。

（二）合作方创投上市的具体操作

吉利远程针对业务合作方的链合上市计划有一个前提，就是让自己的产品在市场端成为头部，甚至是遥遥领先，同时符合政策导向，这样才会让参与方有充足的信心。

首先，确定链合目标与合作思路。

吉利远程框定的目标企业相对宽泛，凡是涉及新能源车辆推广过程中可能涉及的业务合作方，相信企业并有志于共同成长的单位，包括供应链体系、营销渠道体系、金融保险基金等业务合作方企业，都是潜在目标对象。

吉利远程与目标企业的合作思路分两步，先进行业务层面合作，后通过创投方式参与IPO成为企业股东。这样会让双方的合作更加稳固，合作方也会为其提供质量与价格更优的产品；同时它们可以通过产品业务盈利及资本投资增值两个方面进行平衡，认同企业销量及盈利能力提升与自己息息相关，形成产品市场与资本市场的双轮驱动。

其次，链合关键的五方资源。

一是供应链端。吉利远程在供应链端选择对产品影响较大的重点供应商或具备很强资金实力的供应商，邀请加入作为企业IPO的投资者，在较早时期投资以取得资本市场的大幅增值。

二是销售渠道端。吉利远程邀请重点的销售渠道或大客户成为

IPO 的投资者；过程中可邀请关键人物成为企业营销分析与政策制定的参与者，并促使这些关键客户只采购和销售远程产品，在资本增值的驱动下更好地打开区域市场、推广远程产品。

三是政府端。吉利远程邀请目标政府基金参与 IPO，使政府对企业在当地分子公司更加支持，对企业产品出台利好政策，进一步打开当地区域市场。

四是金融端。吉利远程链合银行、保险、基金等资源进行创新商业模式和业务模式设计，吸引这些金融资源通过创新商业模式 +IPO 参与，使企业在市场竞争中具有更强的金融资源。

五是大集团合作端。吉利远程从企业产品采购及资金投资两个渠道吸引国内外大集团加入，一方面推进使用远程产品，另一方面让其参与创新商业模式 +IPO，进一步扩大朋友圈。其中，吉利远程与大集团主要开展体量庞大的创新商业项目合作，比如 2023 年远程与阿拉善盟政府、南水北调集团、运达股份在阿拉善甲醇制备项目的合作。

2022 年 10 月，吉利远程旗下子品牌远程科技完成 Pre-A 轮融资，在当时严峻的经济环境下，首轮融资超 3 亿美元，是友商同期融资金额的 3～8 倍。该轮融资由普洛斯旗下隐山资本领投，跟投方包括传化、中信证券投资、湖南湘潭产业基金、GLY Capital、Mirae Asset 等知名投资机构，这些投资方都是新能源商用车、物流运力行业的相关方、上下游合作方，与吉利远程形成利益绑定。2023 年年初，远程科技又开启 A 轮融资，依然受到资本市场的热捧，完成融资 6 亿美元；同时，吉利远程旗下醇氢科技也启动了 Pre-A 轮融资，正朝着中国新能源商用车第一股目标迈进。

2023 年 11 月，浙江吉利远程新能源商用车集团有限公司与内蒙古阿拉善盟行政公署、中国南水北调集团新能源投资有限公司、运达能源科技集团股份有限公司在杭州签署四方战略合作协议，联合打造绿色能源"电—醇"制备应用全产业链，建设零碳甲醇重卡燃料生产应用一体化示范基地。2023年12月22日，由四方出资持股的内蒙古液态阳光能源科技有限公司成立，公司的一个重点业务是以风电光电等完全可再生能源来制备绿色甲醇。该项目利用阿拉善盟当地约13亿千瓦风光电资源，最高年产2亿~3亿吨绿色甲醇，如果将这些绿色甲醇替代汽柴油作为车用燃料，大约相当于5个大庆油田的石油产量。

吉利远程通过全产业链相关参与方的创投链合上市计划，形成了紧密且长效的强关联机制，实实在在地推动了企业的高端化升级。另一家企业则通过成立成果项目混改公司和科技成果转化全环节的股权激励机制，持续不断进行产业孵化和放大，从而进入高端市场领域。

【蚌埠院：科技成果转化全环节股权激励】

蚌埠院是中国第一批成立的全国综合性甲级科研设计单位，业务涵盖显示材料、新能源材料、应用材料开展技术研发和产业孵化等多个领域。它在实践中摸索出了一套科技成果转化的项目公司推进与全环节股权激励方式，做法落地、效果显著。

（一）基于项目公司推动科技成果转化

科技成果转化如何高效实现产业化是一个老大难问题，因为中间涉及太多的环节、主体和产业化卡点。蚌埠院直接采用项目公司的形式对科技成果转化进行产业化运作，一个项目成立一家公司。具体做法如下：

一是项目由注册成立的独立经营、自负盈亏的经营实体负责；

二是项目公司采用股份制合资经营，便于引进战略投资人；

三是项目科研团队技术负责人整体负责产业化项目的建设和运营；

四是蚌埠院本部和产业化公司之间实施扁平化管理，蚌埠院本部工作人员和相关核心技术骨干人员进入产业化公司的董事会兼职，实现对公司的有效管控；

五是通过市场化方式聘请或选派专业的经营团队和核心技术人员，推进成果的产业化进程。

针对具体项目，蚌埠院发起成立了多个控股和参股的产业公司，比如3个"115团队"（注：115团队为安徽省推出的一种创新人才项目简称）先后成立了安徽中创、安徽方兴光电、凯盛基材。这三家公司都是科技人员持股的混合所有制企业，同时引入社会资本对科技成果进行规模化和市场化运作，建立起多方投入、风险共担、利益共享的产业运营机制。

为推进空心玻璃微珠研发成果的产业化，2016年7月，蚌埠院和研发团队持股的蚌埠飞扬企业运营管理有限公司合资成立了凯盛基材，主要从事高性能空心玻璃微珠研发、制造及销售，其中蚌埠院持股70%、研发团队持股30%。目前，凯盛基材用玻璃粉末法制造出来的空心玻璃微珠样品达到美国3M同类产品性能指标，处于国际先进水平，打破了国外对空心玻璃微珠的技术封锁。

为推进纳米钛酸钡、稀土抛光粉、稳定型氧化锆的产业化应用，2014年蚌埠院科研创新团队蚌埠中创投资有限责任公司与安徽方兴科技股份有限公司合资成立安徽中创，科研创新团队持股30%。

2016年中创创新团队与省高新投、蚌埠市产业引导基金达成协议，2家各投入600万元，合计1200万元，2019年安徽中创电子税收达到业绩奖励条件，2020年省高新投退出，2020年12月蚌埠市产业引导基金退出，两家企业投入的1200万元所持股权奖励给中创创新团队，当前持股比例为科研创新团队持股37.43%，凯盛基材持股62.57%。

如今，安徽中创快速成长为全国第二家、全球第三家采用水热法工艺工业化生产纳米钛酸钡的厂家，稀土抛光材料占据安徽省50%以上份额，稳定型氧化锆占据行业市场31%份额，位居行业第二位。安徽中创连续4年销售收入和利润总额增长超20%。2020年虽然受国内外新冠疫情影响，但通过调整市场战略、改变技术方向实现销售额和利润逆势增长，2020年销售收入4.4亿元，上缴税收800多万元，较2019年同期增长幅度较大。

蚌埠院充分意识到，要进行产业孵化，就必须激发核心骨干和科研人员的积极性，进行公司治理创新。为此，蚌埠院派出核心技术骨干进入产业公司董事会，在制度上保证了研发团队的自主决策权。

比如，空心玻璃微珠项目"115团队"人员共9人，2016年团队持股的蚌埠飞扬企业运营管理有限公司与蚌埠院合资成立了凯盛基材。团队领军人才王芸任凯盛基材董事兼总经理，团队核心成员任技术、销售、生产副总经理，在团队的带领下成功开发国内唯一具有自主知识产权的玻璃粉末法制备空心玻璃微珠工业化生产核心技术及关键装备，同时制定发布我国首部空心玻璃微珠行业标准。再比如，安徽中创的创新团队人员4人均为该行业的领军人物，团队领军人才王永和任安徽中创董事长。

（二）"量体裁衣"实现成果转化各环节的股权激励

经过不断探索，蚌埠院形成了"公司控股、战略投资者参股、技术骨干持股"的成套激励方案，研发、中试、产业化三个环节的核心科技人员按一定比例现金入股，实现风险共担、收益共享。

1. 研发按劳分配、按"知"分配

研发过程中不论资排辈、不限职务，分配与实际挂钩。对成绩显著的管理人员和科技人员，由上级部门予以表彰奖励；对有突出贡献的人员给予重奖。同时鼓励研发技术人员申请专利，根据专利所产生的经济效益不同进行评奖，这推动了蚌埠院专利申请量的逐年递增，形成了知识产权保护体系。

2. 项目经理负责制

研发项目中试实行项目经理负责制，推动研发技术人员高效率、低成本完成研发工作任务。在项目开发规定期限内能完成或提前完成全部开发要求或取得突破性、阶段性进展，给予项目团队和个人一定的奖励。

3. 产业化股权激励

以技术转让或者许可方式转化科技成果的，从技术转让或者许可所取得的净收入中提取不低于30%的比例用于奖励；采用股份形式实施技术成果转化的，技术成果作价出资设立公司或者开展股权投资时，可以从该科技成果入股时作价所得股份中提取30%用于奖励。

下面来看两个核心团队持股激励的实例。

第一个是科研成果产业化中的研发团队持股。空心玻璃微珠科研项目中推行股权激励计划，项目团队9名核心科研人员（骨干）实现全部持股。凯盛基材已建成国内首条年产5000吨玻璃粉末法高性能空心玻璃微珠生产线，并于2016年成功实现超轻高强空心玻璃微珠的工业化量产，拥有数十种达到国际一流水平的核心产品，相关产品成功应用于4500米级深海潜水器"海马号"，航天发动机、返回舱烧蚀材料，5G高频通信覆铜板等领域，突破了超轻高强空心玻璃微珠在国内高端领域应用的"卡脖子"环节，彻底解决了超轻高强空心玻璃微珠完全依赖进口的国家级难题。2021年"超轻高强空心玻璃微珠制备技术及产业化"成果被授予"安徽省科技进步奖一等奖"。

第二个是联合重组中的核心团队持股。中国建材集团为在太阳能光伏终端领域完成产业布局，2010年入股安徽天柱。2011年10月蚌埠院增资，增资入股后蚌埠院持股72%，核心管理团队持股28%。2010年蚌埠院入股之前，安徽天柱资产总额227万元、营业收入67万元，2011年蚌埠院入股当年资产总额，营业收入实现成倍增长，2016年产值突破亿元大关。安徽天柱依托蚌埠院资金、技术、管理优势，积极拓展光伏电站产业国内外市场、加大新能源研发，混合所有制的十年实现了质的飞跃。

蚌埠院采用的项目公司推进与全环节股权激励方式，让本企业的科技成果转化率达到60%以上，科技研发投入年度增长率超过10%。另一家位于湖北的企业航天三江，作为中国航天科工下属的国企体制单位同样探索出了一种通过核心骨干持股以及知识产权入股实现科技成果产业化落地的有效方式。

【航天三江：骨干持股与知识产权入股】

（一）推行骨干持股提升企业内生动力

首先，航天三江按照《国有科技型企业股权和分红激励暂行办法》《中国航天科工所属四级公司制企业骨干人员持股工作指导意见》等政策，鼓励公司高管和核心技术团队现金增资持股，营造了"成果共享、风险共担"的干事创业氛围。

其次，持股对象重点针对在关键岗位工作并对公司经营业绩与持续发展有直接或较大影响的科研人员、经营管理人员和业务骨干，建立长效激励、有效约束机制，稳定并优化核心团队，吸引高端人才资本。

最后，按照突出关键少数、核心引领的原则，航天三江按员工人数20%的比例实施骨干持股计划，重点激励在公司自主创新及科技成果转化中发挥主要作用的核心技术人员和高层管理人员，并结合岗位价值、素质能力、突出贡献、员工经济能力等要素确定股权激励份额，激励对象按照公司评估值现金认缴出资。

比如，武汉锐科公司前期实施核心股干持股，取得较好成效。公司在较短时间内完成了市场需求量大、附加值高的中高功率连续光纤激光器和高功率脉冲激光器的研制，迅速打破IPG（光纤激光器）对市场的独霸地位，公司营业收入也同步快速增长。借此经验，武汉锐晶公司、武汉量子技术公司等也正积极推行骨干持股计划，有效调动了骨干创新创业的积极性，形成"股权激励、引战融资、价值提升"的良性循环。

（二）以资本化方式推进知识产权入股，加速核心技术成果转化

航天三江充分利用中国航天科工"技术创新、商业模式创新、管理创新"的相关政策，通过知识产权分阶段评估转股等新型合作形式，提高高端科研人才的产业化积极性，形成利益共同体。

2013年航天三江与国家高端人才X博士、湖北省高投等签订合作框架协议,投资设立武汉睿芯公司进行特种光纤研发,合作按三阶段进行。第一阶段,各方共同出资2100万元设立公司;第二阶段,公司聘用X博士进行特种光纤产品开发,约定完成四型特种光纤研制并通过省级技术鉴定;第三阶段,公司增资到6000万元,X博士以专有技术对公司进行增资(占比30%),其他各方以现金增资。2014年年底,武汉睿芯公司顺利完成首批特种光纤出纤并交付武汉锐科公司试用;2015年6月,四种型号光纤通过湖北省科技厅成果鉴定,鉴定意见为达到国际先进水平;2015年年底,航天三江与各方达成增资协议并获中国航天科工批复。

与X博士的技术合作模式,为后续高端技术引进工作开创了成功范例。在与武汉睿芯公司成功合作的基础上,航天三江先后与多名国家高端人才团队合作成立了产业公司,推进高端技术研发及产业化,使相应领域快速达到具备世界竞争力水平,并逐步形成以人才引人才、以产业链引人才的创新模式。

在引进高端人才和核心技术后,航天三江导入先进的管理手段,加大产业化能力建设,帮助实现高端技术成果的快速转化。

比如,航天三江将军品的质量管理体系引入武汉锐科公司提升光纤激光器质量,注重从设计到生产的全过程质量控制,每年将质量考评与全体员工绩效直接挂钩;同时引入双归零措施,从发现问题、定位问题、解决问题到举一反三,狠抓产品质量,使公司的产品返修率由原来的10%降到2%,达到或超过同类进口产品的水平,促进锐科品牌的市场影响力和客户价值的同步提升。

此外,航天三江还按照重大产业化项目和百亿级产业项目规划,在技术攻关和产品试制的同时对高端技术产业化能力建设进行提前布局，按照"人、财、物、产、供、销"进行全要素投入，产品成熟度达到商品化要求后快速帮助各产业公司扩大产能，使得技术成果快速实现转化并得到价值放大、规模提高，同时通过大规模需求牵引技术成熟度提升和技术进步。

不论是吉利远程的全环节合作方的创投上市计划，还是蚌埠院通过项目公司方式推进科技成果产业化和全环节股权激励，抑或是航天三江的骨干持股与知识产权入股，其本质都是通过股权的方式绑定利益相关方和高端人才，用一种强关联的方式来突破高端化升级中的技术瓶颈突破和产业化落地的障碍。虽然民企与国企在体制上有较大差异，但在运用创投参股机制方面，两者都有操作空间和成功落地的示范，关键还是看企业一把手的勇气以及方案设计是否巧妙。

妙用内创业机制

企业在高端化过程中，如何从底层激励内部核心人员、如何创新性地引入外部高端人才并深度绑定，仅靠传统的激励方式难以奏效。内创业机制成为实践中越来越有效的人才活力激发方式。内创业是指由企业提供资源，让那些具有创新意识和创业冲动的内部员工和外部创客在企业内部进行创业，企业变身为一个孵化平台，内部员工则变身为创客，双方通过股权、分红、奖励、文化等方式成为合伙人，最终共享创业成果、共担创业风险的一种现代创业制度。内创业是在企业内部的创业，这是与外部独立创业最大的区别。两者各有利弊，没有优劣之分。

徐工基础是一个颇有代表性的案例，从中会发现内创业是一种可用、好用并且实用的机制，值得企业家去研究和实践。

【徐工基础：基于内创业的高端新产品快速产业化】

徐工基础是徐工集团的全资子公司，成立于2010年3月，专门从事桩工机械、非开挖机械、煤矿机械的研发和制造，比如建筑工地上常见的打桩机就属于桩工机械。

近些年，徐工基础发展势头良好，其主营业务产品在国内市场占有率达到40%左右，旋挖钻机、水平定向钻机、隧道掘进机市场占有率均位居国内第一，产品出口全球70余个国家和地区。看上去这是一件好事，但如果从另一个角度看，公司发展进入了生命周期的成熟期，同时整个行业市场格局也相对稳定。这意味着产品占有率实现较大幅度提升或产品销售实现爆发式增长不太可能。面对这种形势，公司领导清醒意识到必须为长期的可持续增长做准备，打造新的高端业务增长点、实现新产品快速产业化。经过几年的探索实践，徐工基础形成了"岗位创业、赋能赋权、增益分享"的新产品快速产业化的发展思路，其核心就是内创业机制。

（一）新产品快速产业化的总思路

徐工基础的新产品快速产业化强调一个"快"字，这就需要建立新的产品遴选、孵化和放大机制，并配以相应的激励方法，具体如下。

一是岗位创业。鼓励有能力、有想法的员工在不脱离原有岗位的前提下，以第二身份组成新产品孵化创业团队，利用现有资源平台进行产业孵化。

二是赋能赋权。内创业团队负责人拥有用人权、分配权和决策权，可以调度企业"研、产、供、销、服"各个环节的资源。

三是增益分享。内创业团队不承担创业风险，但担当经营责任，并根据价值增益进行利益分配。增益分享不是分配企业的存量，而是新产业的增量。团队收入的发放不影响原岗位工资，即使团队未实现既定目标，成员仍然有保障，避免了后顾之忧。

（二）内创业项目和团队生成机制

新产品产业孵化创业团队是新产品产业化的核心，如何确定创业项目和创业团队是新产品快速产业化能否成功的关键环节。

1. 内创业项目的生成

公司内创新项目的生成遵循"战略引领、内外双向、上下结合"三个原则：

一是战略引领是指内创业项目要聚焦桩工机械、非开挖机械、矿隧机械、钻井机械四大战略方向，非基础工程机械方向的项目原则上不予立项；

二是内外双向是指项目可以由公司内部自主提出，也可以由外部相关方提出并参与孵化，如供应商、经销商、大客户等；

三是上下结合是指可以根据公司战略需要指定立项，也可以由有能力、有想法的员工自主申报，报公司党委会研究通过后立项。

其中，由外部相关方提出创业项目并参与孵化是一个突出亮点。

徐工基础发现，客户和经销商与市场接触紧密，对工程项目的设备特殊需求有着精准的把握，甚至还具备进行产品方案设计构思的能力。因此，徐工基础鼓励由客户、经销商等外部专家提出产品创新需求，公司选择有能力、有想法的员工，与客户、经销商共同成立孵化创业团队，快速实现客户定制化生产需要，并进行产业化推广。

以隧道清理机器人创业团队为例，2017年6月，国内某研究所提出隧道清理机器人的市场需求较大，但国内尚无该类产品。根据新产品快速产业化模式运营机制，徐工基础选派技术骨干与该研究所共同成立隧道清理机器人孵化创业团队，团队成员跨部门高效协作，不到一年的时间，就顺利通过设备验收，完成了七天七夜不间断施工的可靠性作业试验，得到客户高度赞扬，并签订战略协议。此外，为激发客户参与提出项目的积极性，徐工基础规定，由客户发起的产品项目可以使用客户自主命名形成特殊的型号、享受独家供货，比如神华公司的煤矿掘进机 EBZ200S，"S"代表的就是神华公司。

在项目生成阶段就将上下游相关方纳入进来，其实是创造了一种前置型的内创业生态，让各方达成全生命期内的协同共生，做法颇有新意。

2. 内创业项目团队的组建

徐工基础按照"两荐一选"的原则组建内创业团队。通过公司推荐、员工自荐的方式确定项目负责人，团队成员则由项目负责人遴选组建。

一是由公司推荐。项目负责人可以由公司推荐确定。公司根据项目内容和对员工能力、素质的了解，直接推荐合适的人选担任项目负责人。

二是员工自荐。每年年初徐工基础在内部发布项目，公开招募项目负责人，员工可以揭榜并提交项目策划书，经公司综合考察后确定项目负责人。

三是由组长遴选。组长负责遴选团队成员，而成员应该涵盖"研、产、供、销、服"产业链，也可以包含公司以外的成员。

徐工基础要求内创业团队负责人必须有较强的协调推动能力，既懂技术又懂产业还懂管理，既有学生般的好奇活力，又有战士般的坚韧果决。

在管理上，徐工基础打造了"员工创客化"模式，即以合伙人制运作实现团队的自我驱动。徐工基础强调，在团队内部所有部门直接面对市场，减少中间层，形成一条最短的指挥链；在团队外部，所有部门利用平台的人脉资源和公共关系，充分整合内外部资源。同时，团队成员不脱离原工作岗位，一人多角，并保证工作时间弹性化。这些办法的实施，让内创业团队真正像一个外部独立创业那样实现了市场化的组建、决策和运行。

（三）基于内创业机制的一条龙产业培育

在确定项目、组建团队后，就要进行一条龙的产业培育。徐工基础将其分为四个阶段：产品创造期、市场培育期、产业化推进期、成熟期。

1. 产品创造期

该阶段目标是研发出满足市场需求的新产品，具体有以下几项工作。

首先，定义产品。确定新产品的市场定位，开展市场调研，分析潜在的经营风险，确保产销衔接准确，跨过从无到有的拐点，实现市场热销。

其次，逆向新品研发。徐工基础提出了一个创新理念，即"技术开发市场化，市场开发技术化"，将新产品的市场开发提到研发设计之前，先开发市场，再开发产品。同时，利用开发周期同步市场营销，提前预热市场；在方案设计阶段，先根据完全竞争市场的规律确定市场售价，进而倒逼成本，再通过技术、工艺、供应商、经销商、客户协同设计，快速研制出适销对路的新产品、缩短研制周期，这就是逆向新品研发。

最后，工业考核试验改进。开展工业性试验结果，进行产品的迭代更新，最终实现产品小规模试制。

以徐工基础"作业装置创业项目"为例，该项目处于产品创造期。

之所以选择该项目，是因为徐工基础的产品在面对复杂的地质岩层时，作业装置承受极大的负荷和冲击振动，对钻杆的材料、结构、制造工艺等有极高要求，必须掌握核心技术、提升作业装置质量。于是，徐工基础成立了作业装置产业化创业团队，由工法及研究所所长带队。团队明确：一年期内实现主打车型作业装置研发设计，并实现小批量生产。为达到目标，团队贯彻"技术领先用不毁"的产品理念，通过与高校、供应商的产学研合作进行轻量化设计，加强作业装置可靠性和耐久性系统研究和开发，提高钻杆可靠性；同时，内创业团队以工法突破促进产品创新，已经实现主要产品作业装置的小规模试制。

2. 市场培育期

该阶段目标是新产品小批量投产，市场占有率达10%左右，并在行业内取得一定的认知度。创业团队主要有三项工作。

一是进行市场推广、提高客户认知。确定潜在设备热销区域，在相应区域内举办产品推介会，持续投放市场广告和拓展客户关系。

二是培养供方、初步形成配套体系。实地走访和考察供应商，从质量体系、研发能力、生产能力等方面综合评价，筛选有发展潜力的供方，实施供方分厂化管理、维护供应商利润，获得长久的供货保证。

三是收集试制反馈、推动产品的适应性改进升级。负责研发的团队成员实地走访客户，结合市场反馈改进产品质量。同时，举办技术交流会，邀请行业专家及客户参与产品研发改进。经过市场孵化，形成小批量投产。

以徐工基础"地下管道类创业项目"为例，该项目处于市场培育期。选择该项目的原因是，城市地下综合管廊建设、水生态治理截污工程的兴起，使得地下管道的施工量越来越大，顶管机作为地下管道类创业项目主要产品，发展前景广阔。于是，徐工基础成立了顶管机产业化创业团队，由非开挖研究所所长带队。创业团队不断进行市场推广、供方培育以及产品适应性改进升级，经过一年培育，顶管机产品实现了小批量投产。

3. 产业化推进期

该阶段目标是经过产业加速的市场占有率达到30%以上，跻身行业前位。创业团队主要有四个方面工作。

一是提升产品宣传力度。挖掘产品特色，提炼产品卖点，系统策划设计推广方案，联合行业媒体进行创意宣传，同时积极布展提高产品知名度。

二是渠道建设。开发优质经销商、代理商，制定经销商政策，围绕设定目标对经销商进行激励，迅速实现销售目标。

三是扩大产能。加大设备投入，打造产品生产流水线，实现节拍化生产，提升生产能力。走访沟通供应商，保证产品配套及时，迅速实现规模上量。

四是降本增效。通过产品结构改型优化，进行设计降本，用集采方式降低采购成本，实现产品盈利。

以徐工基础的"资源钻采类创业项目"为例，该项目处于产业化推进期。国家提出积极开发天然气、煤层气、页岩气等能源，并有序开放开采权，因此新能源勘探开发将维持较高景气度。为加速资源钻采板块的崛起，徐工基础成立了深水井钻机产业化创业团队，由大客户及新品部部长带队。创业团队成立两年来，以"向水井钻要规模、占有率，向深井钻要效益"的发展思路，形成支撑资源钻采业发展的技术能力、创新产品和解决方案，迅速成长为行业核心力量。目前，该产品年销量100台以上，国内市场占有率30%。

4. 成熟期

一个新产品在完成产业化推进期后，就进入了成熟期，开始纳入常规的组织机构中，或形成产品事业部制，依靠正常的企业能力体系进行发展。

以徐工基础"地下基础施工类创业项目"为例，该项目进入了成熟期。国家非常重视地下空间的开发利用，一些大城市已经或正在准备综合开发利用地下空间，地下基础施工类装备市场潜力巨大。但是，进口的抓铣设备价格高昂，国内在研企业少，徐工基础果断抓住机会成立了地连墙产业化创业团队，由技术中心副主任担任负责人。项目成立之初，创业团队利用集团研究院先进技术研究平台，结合自身多年地下基础施工经验积累，一方面进行产品系列化拓展，另一方面进行整机轻量化设计、耐磨材料及工艺研究应用等关键技术研究，同时寻求核心零部件国产替代，形成了"高举高打"的地下基础设备发展格局。在地连墙设备完成新产品的产业化后，就建立了地连墙分厂以及对应的产品开发所及销售部门，并将其纳入企业正常的组织体系。

（四）内创业的共享赋能

新产品的产业化培育需要企业资源的支持，为此徐工基础打破传统的科层制工作结构，采用了企业平台化机制，各个职能部门为内创业团队提供共享资源，包括研发、采购、制造、营销、服务和管理等。

一是研发共享。团队借助公司技术研发力量研制新产品、升级技术。

二是采购共享。团队利用现有供应链体系进行零部件配套。

三是制造共享。团队利用公司车间场地、设备、工人进行制造和装配。

四是营销共享。团队借助公司营销网络和经销商布局进行新品销售。

五是服务共享。团队借助公司服务部的服务技术组进行新品服务。

六是管理共享。质量控制、风险控制、财务等由企业直接承担。

徐工基础将资源"下放"给内创业团队,把品牌和社会资源对接给有需求的内创业团队,避免了创业初期过高的成本投入,在很大程度上解决了因管理能力问题带来的组织臃肿和效率低下问题。

(五)内创业激励机制

无激励,不内创。徐工基础制定了三种很符合内创业规律的激励机制。

1."三有"激励机制

"三有"衡量标准,即有质量、有效益、有规模。"有质量"指产品可靠性和回款、应收账款等,"有效益"指毛利、边际贡献率等,"有规模"指发车量、收入、市场占有率等。不同阶段、不同产品的激励机制会选取不同指标:

培育期按照"有质量"设置产品可靠性目标,以首次无故障小时数、早期反馈率等作为主要考核激励指标,确保产品的高质量投放。

孵化期按照"有规模"设置市场目标。重点考察项目的发车量、收入等指标,并设立阶梯式提成比例,鼓励市场开拓,迅速提升市场占有率。

加速期以"有质量、有效益、有规模"三个维度进行激励:以产品质量提升产品竞争力，以效益提升市场地位，以规模降低成本费用，提升产品盈利能力。比如，地连墙产业化项目经过三年成长进入加速期后，考核指标不限于发车量、销售收入，也包括了市场早期反馈率、市场占有率等。

2. 双向选择激励

徐工基础采用了一种很有创意的双向选择激励，即团队负责人和团队成员完全自主进行双向选择，充分尊重双方意愿，也相互监督激励：

项目负责人选择成员。项目负责人将"研、产、供、销、服"产业链上满意的成员网罗到团队中，如果在推进中部分成员缺乏热情、行动拖拉迟缓，以致影响团队整体战斗力，负责人可以将这些不称职的成员踢出团队。

团队成员选择项目。团队成员发现项目负责人无法带领团队完成相应指标，继续坚持在团队里难以发挥作用，或感觉产业发展前景黯淡，可以选择退出，申请加入其他团队。

3. 横向 PK 激励

徐工基础按照季度统计各团队的实施进展展开实地调研，形成产业化团队工作进展报告，公布各团队绩效进行横向 PK。通过这种方式，让团队成员不是与公司谈条件，而是要在市场竞争中、在与别的团队 PK 中，激发潜能创造价值，最终形成"工资不是公司给，而是从市场挣"的观念。

（六）内创业的显著成效

自 2017 年基于内创业的新产品快速产业化机制试行以来，徐工基础实现了企业研发设计、生产制造、经营管理、市场营销等资源的高效灵活配置，推动了一批新产品快速产业化。

连续墙液压抓斗、双轮铣槽机、顶管机、深水井钻机形成系列化产品，取得发明专利、实用专利共计100余项，多项成果达到国际领先水平。

新产品销售收入迅速增长，高新技术产品产业化成效显著，收入占总收入比例达到68%。尤其是全新开发的产品双轮铣、地下连续墙抓斗、深（水）井钻机、顶管机，2016年收入仅4805万元，2017年收入达到12432万元，2018年收入增长到36012万元。

新产品市场份额攀升。2018年双轮铣市场占有率第一，连续墙液压抓斗、深（水）井钻机市场竞争力持续提升，占有率第二，新产品顶管机逐渐进入马来西亚等欧洲、日本顶管机制造商的优势市场。

带动了产业链发展。基于内创业机制，徐州基础培育了10余家配套企业，不仅培养了公司内部人才和干部，还带动了产业升级。比如地连墙产业化项目中的高端双轮铣研发及产业化，打破了国外产品的技术垄断，大幅降低了进口产品价格。顶管机产业化项目中微型顶管机的研发，是国内唯一能进行硬岩地质施工的微型顶管机，填补了国内行业空白。

内创业的本质是存量创新，这种机制用得好，就会让企业管理者轻松、创客团队有激情与活力，快速突破高端化升级和新产品产业化中的障碍。可一旦用不好就会导致内耗，所以像徐工基础一样系统谋划、专业推进、放权赋能，方有可能收获内创业机制的红利。

巧用新型举国体制

传统举国体制是以国家意志为主导，根据国家战略目标，克服资源匮乏、资金短缺、基础薄弱等不利条件，建立短期内能够充分调动一切资源的统一体制，组织全国范围内最优秀的人才进行集团性攻关，通过快速动员、精准组织、统筹实施，最大程度完成国家战略目标。例如，中华人民共和国成立初期的"156项重点工程"为中国工业体系发展奠定了扎实基础，"两弹一星"为国家安全保障构筑了战略基石。

为什么在企业高端化升级的过程中，还可能用到举国体制？有这样几种情况，比如当产业链各方的积极性不高，或单由一家企业难以靠自身力量整合全产业链资源时，就需要由国家出面担任"总策划"。再比如，当传统的短期合作、松散联盟或浅层利益机制很难突破技术封锁、实现高端化升级时，必须探索新的落地机制，举国体制也就有了用武之地。当然，在新时代，传统举国体制已经演变为新型举国体制，其内涵和手段变得越来越丰富。

新型举国体制是在中国特色社会主义市场经济条件下对原有举国体制的创新发展，它将政府、市场、社会三方有机结合，由政府出题、企业答题，集中力量、优化机制、协同攻关，是我国加快突破技术封锁，实现高水平科技自立自强的一条必由之路，也是企业实现高端化升级的有力武器。

传统举国体制是以政府行政指令为主的纯计划安排，虽然在特定时期发挥了重要作用，但总体来看不符合当前开放创新和全球化竞争的发展趋势。新型举国体制由政府把握战略方向、市场负责整合资源和执行落地，是国家统筹能力和市场微观活力的高度统一，即有为政府、有效市场和有料院所的充分结合。"举国"不仅是举政府和国家财政之力，还包括举市场多元主体、社会各界之力，依靠"政府＋市场"的合力找到一种突破核心技术、实现高端化升级的路径。

在了解新型举国体制的内涵后，下面具体看几个企业案例，看它们是如何利用新型举国体制来整合资源、实现突破的落地之举。必须指出，新型举国体制在落地时并无定式，牵头企业可以根据实际情况选择不同方案。

【中国重燃集团：AE 平台牵引的参与主体协同机制】

中国重燃集团是国家"航空发动机及燃气轮机国家科技重大专项"中重型燃气轮机工程的具体实施单位，使命是突破重型燃气轮机的核心技术瓶颈并实现国产化替代。要完成这样一个庞大且艰巨的任务，中国重燃集团发现必须聚集全产业链碎片化资源、形成创新链闭环，才能培育出自主可控、能够应对国际市场竞争的重型燃气轮机产业链，进而实现突破。在传统举国体制下，通过行政指令式、批示型管理的方式可以将全国资源迅速集中到某一产品研制上，但中国重燃集团作为一个企业，无法简单套用上述管理模式。因此，必须践行新型举国体制，探索一条计划（国家下达任务）与市场（以市场方式组织攻关）相结合的路，才有可能有效集聚资源并带动全产业链共同发展、实现向高端跃升的目标。

为此,中国重燃集团充分依托国家科技重大专项推进新型举国体制,整合全产业链碎片化资源。在具体实施时,中国重燃集团基于"科研工程化"的理念,选择采用 AE 平台模式。AE,是指 Architect Engineering,即设计建造一体化。2019 年 6 月,中国重燃集团对 AE 理念进行了发展,建立起能贯通科研与产业化、实现技术集成与实物构造一体化的新型组织形式——自主重型燃气轮机 AE 平台(见图 6-3)。

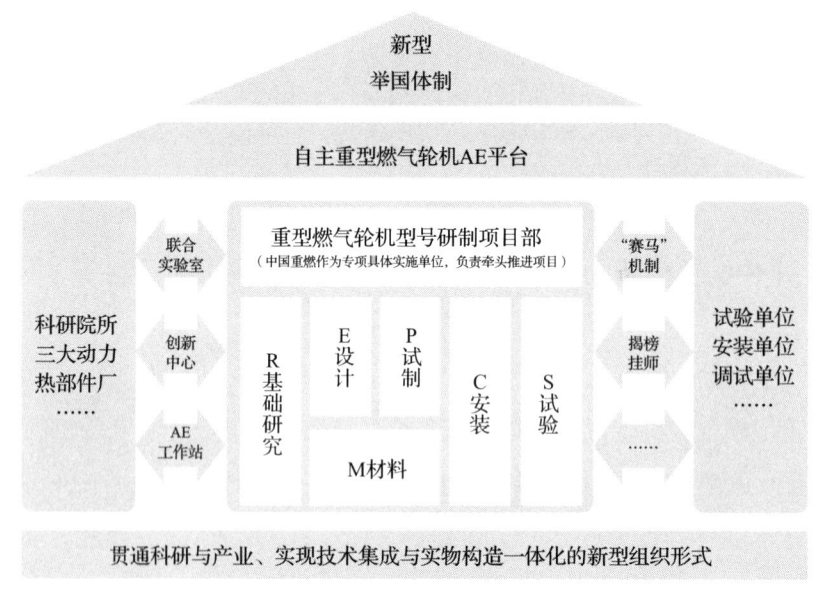

图 6-3　中国重燃集团搭建的自主重型燃气轮机 AE 平台

AE 平台采取了"前后台、矩阵型"运作模式,前台由中国重燃集团牵头,成立重型燃气轮机型号研制项目部,下设 R(基础研究)、E(设计)、P(试制)、M(材料)、C(安装)、S(试验)板块,负责型号产品开发；后台由产业链各法人单位构成，通过与中国重燃集团成立联合实验室、协同创新中心、AE工作站等灵活形式，向前台派出资源，以型号为牵引开展相关工作。

基础研究方面（R）。中国重燃集团联合清华大学、上海交大、哈工大、北科大、上海大学、华东理工大学、中国科学院金属所等知名高校院所共建了7家AE联合实验室、协同创新中心，共同攻克共性关键技术、前沿引领技术。2018—2021年，上述高校院所参研人数达850人。

设计方面（E）。2018—2021年，三大动力、上海成套院及相关单位派出70名有工程设计经验的人员，以"大协作人员"身份加入型号研制项目部参与产品设计。"大协作人员"劳动关系仍在原单位，但接受中国重燃集团统一领导、统一考核、统一绩效分配，很好地解决了跨法人单位间指挥不灵、协同乏力的难题。

试制方面（P）。2018—2021年，中国重燃集团出资数亿元，以揭榜挂帅、"赛马"机制，组织三大动力、中国科学院金属所、江苏永瀚、北京北冶、江苏隆达、无锡透平、成都和鸿、二重、钢研院等20余家单位开展关键部件试制工作。各单位派出试制人员约1450人，加入型号研制项目部AE工作站，与研发、设计、材料人员无缝衔接，截至2021年9月累计开展200余次技术交流，解决1500余项主要技术问题，有效提升重型燃气轮机设计的可制造性、可装配性。

材料方面（M）。中国重燃集团于2018年10月与清华大学、北科大、三大动力、中国科学院金属所等11家单位，组建"重型燃气轮机材料研发及产业联盟"，开展重型燃气轮机材料研究和技术合作；2019年7月中国重燃出资近2亿元，组织北科大、三大动力、中国科学院金属所等9家单位，以"联合体"的形式共同开展材料数据测试工作。

试验方面（S）。2018—2021年，中国重燃集团出资数亿元，与清华大学、西安交大、哈工大、西工大、三大动力、624所、606所等单位合作，对11个压气机试验台、12个燃烧室试验台、16个透平试验台进行适应性改造，开展关键技术试验验证。

此外，为进一步整合全产业链资源，中国重燃集团于2020年9月联合清华大学、上海交大、三大动力、北京北冶等66家单位成立全国性、开放性的创新联合体"中国燃气轮机产业创新联盟"，充分利用信息化技术在各主要协作单位统一搭建基于Teamcenter的产品协同开发管理平台，让全体协同作战人员在一个平台上工作、一个频道上对话。

中国重燃集团基于科技重大专项和AE平台的新型举国体制取得重要进展。

截至2021年9月，累计突破85项"卡脖子"关键技术，填补了国内空白、打破了国外垄断。

有机整合了分散在不同法人实体间的创新资源，聚集了14家高校、14家科研院所、25家国有企业、14家民营企业联合攻关，形成了以清华大学、上海交大、北科大、哈工大等为代表的前端技术创新主体，以三大动力为代表的整机制造和总装厂，以哈汽、中国科学院金属所、江苏永瀚、北京北冶、无锡透平、成都和鸿等为代表的热端部件供应商。

中国重燃集团与产业链关键环节企业建立起了利益共享与风险共担机制，打通了科研院所"原理突破"与制造企业"产品量产"的创新链条，带动了60余家单位整体提升，极大地激发了各创新主体的积极性。

【中国电科 29 所：北斗卫星系统研制的"小核心"与"大国家队"】

中国电科 29 所承担了北斗三号卫星系统的相关研制任务。为顺利完成该任务，中国电科 29 所在深入理解研制北斗三号卫星系统需求的基础上，决定采用一种大胆创新的研制模式，即将传统的"系统、子系统、单机、模块、组件、元器件"等分级单线程串行研发、"产、研、用"分离的航天产品研发流程管理，改革为各级产品多方案并行攻关、数字化高效迭代集成的开放式扁平化协同研制管理。

而要实现高效率的协同研制管理，就必须充分聚合国内优势科研力量，才有可能大幅提升卫星载荷系统研发效率，打破国外技术封锁和产品壁垒。为此，结合自身特点及以往航天产品的研制经验，确立了以中国电科 29 所为"小核心"、组建大协作"国家队"的协同组织架构，这实质上也是一种新型举国体制的落地方法。

首先，中国电科 29 所以国际一流导航系统的需求牵引顶层设计，确定从"数字样机集成平台，数字化资源管控平台、全程可追溯的质量管理、产品协同保障和人才队伍建设"五个方面入手，优选和整合相关科研单位力量。

其次，针对不同单位的技术优势，中国电科 29 所采用灵活的技术和产品合作模式。在与理论基础雄厚的高校合作时，采取"高校出算法、中国电科 29 所工程化"的模式，形成优势互补，加快技术的工程化；在与工程化能力较强的科研院所合作时，发挥其在产品研制方面的优势，提升"国家队"的工程化能力。

最后，中国电科 29 所组建了紧密融合的产学研开放式研制平台。以最优技术解决方案为目标，中国电科 29 所采用了以"学"促"研"、以"研"推"产"、以"产"证"学"的循环模式，将产品研制的技术需求作为起点，快速传递到创新链上游，以数字样机集成平台为手段，采用"仿真先行、验证其后、前后迭代"思路，实现技术效果和产品性能的综合评估，根据评估结果形成产学研的反复多轮迭代，实现技术方案最优解。

以国际首创的导航星间链路组网技术为例，在北斗三号系统方案论证之初，面临着先进的相控阵体制和成熟的反射面体制两种方案选择，前者在国际上尚无借鉴经验，技术领先但存在很大不确定性；后者技术成熟，但存在局限性大、工程实现代价大的缺点。

为解决该问题，中国电科 29 所以系统最优技术方案为导向，联合国防科大、中电科 55 所等单位组建产学研融合攻关团队，开展系统总体设计、技术可行性分析、原理样机研制和测试验证等全流程攻关，发挥高校深厚的算法优势及军工央企在芯片设计、微电子制造和试验验证等航天工程化优势，历时 3 年 4 轮样机正反双向快速迭代，收敛星间链路组网的最优技术方案，成功解决星间链路组网技术攻关和载荷产品工程化的系统性难题，实现了北斗导航系统星座的"一星通"和"星星通"的重大突破。

事实上，新型举国体制在落地过程中，经常会由于项目周期长、传统组织模式职能分割等原因，导致协同不力、指挥不灵、领导随任期走，行政力量与技术力量混同等一系列弊端。如果解决不好这些问题，新型举国体制的效果就会大打折扣。中国企业在实践中摸索出了一种有效的"两总制"组织方式来解决这些问题。下面来看几个实例，就会发现"两总制"的巨大价值。

【新型举国体制中的"两总制"组织方式】

"两总制"的叫法多见于军工领域,是指在践行新型举国体制突破关键核心技术的过程中,牵头企业内部通过设立"行政总指挥"和"总设计师"来推动重大项目的高效落地和攻关执行的一种组织领导方式。其中,行政总指挥负责复杂的资源和部门协调,总设计师负责专业技术攻关。行政总指挥通常由牵头单位或上级单位一把手直接担任,具有很强的资源调动和跨部门协同能力,并且一直跟随项目,不受任期影响。

中国航发集团在采用新型举国体制突破航空发动机关键核心技术时,按照"集团总部统筹管控、总师单位具体项目抓总"的原则,设置"纵横结合"的集团两级项目管理组织。

纵向成立型号"两总"(型号总设计师、行政总指挥)系统进行垂直指挥,横向有机协调总部科研生产等部门各管理要素。

总指挥是型号项目的第一责任人,代表集团履职,对研制过程的质量、进度、成本等实行有效管理;总设计师是型号项目的技术总负责人,牵头抓总技术和有关项目管理、体系及人才队伍建设等。

自2017年开始,中国航发集团又开始推进型号总设计师的专职化改革。

一是免除重点型号总设计师不相关的行政职务,但是赋予总师高度的技术决定权、资源调配权等,给待遇、树权威,让总师集中精力抓技术。

二是设立集团级专职型号总设计师、成员单位三级专职型号总师,形成"1+3"专职型号总设计师岗位体系,印发责任清单,逐一明确型号总设计师责任和权限。

三是提高总设计师地位，项目责任主体由职能部门转移至型号研制团队，确保总设计师站在集团发展、用户需求和国防安全的高度，综合考虑型号改进改型和系列化发展。集团直接与型号总指挥、总设计师等领军人才签订目标责任书，明确重点工作任务指标并进行考核，设定的考核目标计划节点前置于用户要求，考核难度高于任务计划。

南京玻纤院是另外一家在新型举国体制中运用"两总制"的企业。略有不同的是，它的两总制运用在更微观的具体项目层面。比如，南京玻纤院在其材料基因核心团队中设置项目经理和项目总工，实施"两总"负责制，各司其职又互为补充。

项目经理负责建立团队，推进项目的实施和目标达成，管理、培训和激励项目团队成员，参与部分技术攻关，推动科技成果向市场转化。

项目总工负责核突破心关键技术，构建核心研发能力，获取各类科研项目的支持，培养与指导团队研发人员。

再如，南京玻纤院依托特种纤维复合材料国家重点实验室，成立原创技术策源地项目攻关领导小组、工作小组、咨询专家组和项目执行组，执行组建立行政、技术"两总"责任人体系。

不论是中国重燃集团的 AE 平台，还是中国电科 29 所的"小核心"与"大国家队"做法，新型举国体制的核心目的是通过解决产业链资源的协同效率问题实现核心技术突破、攻克"卡脖子"瓶颈，它有一定的适用条件，对企业本身也有很高的要求。比如，新型举国体制不仅要考虑前端技术突破，还要考虑后端的产业化、市场化和商业化问题，因此比传统举国体制的实施难度更大。

第七章

中国企业高端化升级启示录

——勇气、能力与换系统,一个都不能少

中国企业的高端化升级突破了很多之前不敢想的技术瓶颈和产业化难题，其取得的成绩让企业自信大为提升，新质生产力正在蓬勃兴起。大量事实表明，但凡成功实现高端化升级的企业，都是沿着创新链准确找到自己的突破点，打造了商业闭环、实现商业价值才达到目标。"高端化升级不是打补丁，而是换系统"的法则一次又一次被验证，这不仅为企业提供启示，更为政府精准引导、精确支持和精细配套政策提供了方向。

企业必须警醒的是，高端化升级是一个持续的过程，稍有停滞就可能被对手赶超。如何让企业做到持续高端化？一是始终保持高端化升级的强烈信念，二是持续提升高端化升级的六项必备能力。

创新勇气：高端化升级的企业家精神

每个成功实现高端化升级的企业，背后都有一位具有创新勇气的当家人，他们敢闯敢干——"敢闯"是指这些企业家具备迈向高端的极强的战略眼光和无畏勇气，"敢干"则是企业家善于捕捉高端突破点的意识和超强的落地执行力。

现实中，高端化有两种情况：一种是主动高端化，即企业主动为之；另一种是被动高端化，即企业被倒逼上马。不论是哪种高端化，都需要企业内部形成强烈的高端化升级信念，解决高端化升级时的"意愿"和"动力"问题。高端化升级信念至少包括三个方面：一是企业对突破高端化壁垒有足够的信心，二是企业对高端化升级背后的规律有深刻的理解，三是企业对自身资源条件和传统模式弊端有清醒的认知。

【三环锻造：张铁匠打进欧美高端市场的故事】

三环锻造位于湖北襄阳谷城县的开发区，现已发展成为国内最大的中重型汽车转向节生产企业，效益在当地数一数二，产品已经出口到美国、德国、荷兰、墨西哥、韩国、印度等国家，为戴姆勒、佩卡、塔塔、大宇、采埃孚等国际知名主机厂配套，是戴姆勒奔驰卡车的"中国第一家安保件供应商"。虽然如今是行业内的知名企业，但三环锻造的前身只是一家成立于1961年的农机修理厂。一家名不见经传的汽车零部件企业，是如何进入高端市场、给国际头部汽车企业做配套的？

这就必须要说到企业一把手张运军。

张运军经常自嘲是"打铁"出身，他身材敦实、皮肤黝黑，喜欢卷起裤脚开会，看起来不像一个企业老总，而更像是在生产一线打铁的工人。张运军早年毕业于华中科技大学机械系，科班出身，在三环锻造工作了近40年。他对专业知识和企业经营有着自己的独到见解，同时对外部世界的变化有着敏锐的认知。也正是他的专业背景和性格特点，让张运军在2014年前后树立了高端化升级的坚定信念，并付诸实践。

转向节是汽车的一个安全件，一旦出现裂缝就会造成车毁人亡，所以对其锻造工艺和质量要求很高。传统的锻造工艺生产线从苏联引进，按照工艺流程从前到后的离散型制造布置：钢材下料—加热—锻造—热处理—抛丸—探伤6个工艺各建车间，而没有连成一体化的生产线。这种离散型制造的缺点明显：工序间衔接松散、闲置等待时间长；在制品多次转运、现场杂乱；车间级物流繁复、物流成本虚高；在制品丢失率高。其中，锻造过程的关键工序还依赖人工操作，难以实现对锻造数据的自动化采集、分析和质量追溯管控，导致生产效率低下，大大限制了规模化制造能力的发挥。

即便在生产实践中存在这么多问题，这套来自苏联的工艺布局仿佛一个定律不可撼动，很少有企业真正想去改变。张总也发现了这个问题，但真正推动变化发生的，还是2011年后企业面临的日益加大的经营压力。

一是客户订单"多品种、小批量、个性化"的趋势越来越明显，一种产品需要至少一套模具，生产线切换频繁，要求快速响应，这使得生产组织难度加大，传统的离散型制造方式导致规模效益无法释放。

二是煤炭、钢铁、有色和石化等原材料成本快速上涨，必须找到降低成本的新方式。

三是2012年后国内重卡零部件企业陷入低价格同质竞争之中，三环锻造的盈利能力开始下降，加之我国汽车产品出口规模不断扩大，面临的贸易摩擦形势越来越严峻，导致我国汽车及零部件企业制造成本不断攀升。

为了在市场领域寻求新的突破，三环锻造开始从原来的国际中低端客户瞄向欧美等国际高端客户。其实，早在2005年，三环锻造就响应国家出口创汇的政策进入国际市场。但限于当时的能力和经验，三环锻造选择了进军壁垒较低的印度市场。虽然印度市场规模较小，属中低端市场，但其工业基础基本参照欧洲标准，设施设备来自欧洲，这为三环锻造提供了在国际市场练兵和积累能力的宝贵机会。

通过与戴姆勒、佩卡等世界知名汽车集团进行业务交流，三环锻造发现国际高端客户同样对多品种、小批量、高质量有明确的要求。张运军深刻意识到，要拿到国际高端客户订单，必须寻找一种新的锻造工艺生产方法、提升质量管理水平，满足客户的个性化需求。

正是在国外主机厂商的"倒逼"和"拉动"下，三环锻造开始进行锻造生产全流程工艺整合的论证和数字化改造，试图用新型的数字化和精益管理将自己提升到与国外主机厂同等水平上，实现"平等对话"。

从2013年开始，三环锻造用了整整5年时间，通过虚拟仿真形成数字化车间布局，研发攻关打通锻造生产上下游工艺中的四个关键离散点，用定制化采购和产学研合作方式引入先进的数字化装备、工业机器人、传感器、信息化软件系统，对锻造生产全流程进行适应性整合，不仅做到物理连接和信息连接的"双连接"，还攻克了在线质量管理的关键技术难题，最终形成从上游下料到下游探伤的锻造生产全流程工艺整合的"一个流"新布局，颠覆了行业传统工艺技术。

表7-1是三环锻造产线数字化改造前后的指标对比。

表7-1　三环锻造产线数字化改造前后指标对比

指标		改造前	改造后	量变率（%）
质量指标	锻件废品率（PPM）	1800	1000	-44.4
能耗指标	万元产值综合能耗（吨）	0.17	0.13	-23.5
	千瓦电创产值（元）	7.5	9.0	20.0
生产效率	劳动生产率（万元/人/年）	26.5	32.0	20.8
	在制品周转天数（天）	1.6	1.25	-21.9
制造成本	吨锻件制造成本（元/吨）	1724	1328	-22.9

资料来源：三环锻造提供（2019）。

工艺产线的创新变革让三环锻造成功进入美国、欧洲等国际高端市场，其客户包括利兰、塔塔、大宇、采埃孚AG、戴姆勒AG、荷兰DAF、南非CIMEX、美国Reyco等公司。美国最大的卡车制造企业佩卡公司授予三环锻造"中国2017年度最佳新供应商奖"，而为戴姆勒奔驰卡车的批量供货创造了"三个第一"：中国第一家安保件供应商、中国第一家快速批量供货供应商、中国第一家戴姆勒全球优秀供应商。戴姆勒全球有2000余家供应商，每年邀请500家左右企业参加供应商大会，只有9家企业能获得"全球优秀供应商"称号。

第七章 | 中国企业高端化升级启示录 |

【多氟多：李世江闯出新天地的故事】

锂电池的核心材料是六氟磷酸锂，被称为"锂电之心"。2010年之前，六氟磷酸锂生产技术主要掌握在日本森田化学、关东电化、瑞星化工三家企业手中，为确保市场垄断地位和高额利润，他们对六氟磷酸锂技术严密封锁。2008年以前我国全部依靠进口，价格一度高达每吨100多万元。然而，一家位于河南焦作的企业，不仅成功打破了日本企业的垄断，通过持续创新将价格降到30万元每吨，还返销给日本。

这家企业叫多氟多，于1999年创立，2010年上市，其六氟磷酸锂的产量长年位居全球第一。事实上，这家企业一开始并不是专门做锂电池材料的，而是做氟元素相关的产品。正是因为六氟磷酸锂这种材料里含氟，使得企业在一个偶然的机会发现了锂电池这个赛道。

2006年，多氟多的创始人李世江去日本考察学习，第一次接触到了六氟磷酸锂这个新材料。当时我国的六氟磷酸锂全部依赖进口，售价极高。面对这一情况，李世江也想做，但是被直接拒绝。日方的傲慢激发了多氟多董事长李世江的军人血性，他做出决定：不管遇到多少困难、付出多大代价，多氟多一定要把六氟磷酸锂生产出来。

李世江1950年12月出生于一个普通的农村家庭。1968年，李世江成为一名火箭军战士，由于表现优异于第二年就入了党。部队的熔炼洗礼，铸就了他一生的坚定信仰。1973年，李世江从部队转业回到地方，通过努力进入河南温县化肥厂设备担任科副科长，后任焦作市石油化工二厂厂长、焦作市冰晶石厂厂长等职务，由此积累了丰富的企业管理经验。

军人出身和企业管理经验，让李世江一直坚定地走在创新和高端化的道路上。1994 年，李世江出任一家氟化盐企业的厂长，面对少技术、缺管理、人心散的现状，他组织厂里几名退役军人骨干进行技术研发。磷肥生产过程中会产生大量氟硅酸，过去被当作废料处理。经过 1000 多个日夜的技术攻关之后，多氟多成功开发出氟硅酸钠法制冰晶石联产优质白炭黑专利技术，破解了磷肥行业"三废"难题，实现资源综合利用，企业也扭亏为盈。这项技术颠覆了国内几十年的传统工艺，时至今日依然是全球主流技术。

多氟多的前身是焦作市煤炭局旗下的国营冰晶石厂，1999 年变更为多氟多，初始注册资本 300 万元。1999 年创立之初，李世江主要研究的是把磷肥副产的产品变成冰晶石。恰巧当时国家正在打造一批"高技术产业化项目"，多氟多的研究项目上报后获得通过，这令李世江非常兴奋，"你能给国家搞高技术、搞示范，这对我们的刺激是很大的"。正是这次项目被选中，成为李世江今后努力拼搏的基础和动力。

2006 年，李世江从日本回来之后，就立志研发六氟磷酸锂。当时，入职公司 5 年的技术员、如今已担任公司副总经理兼总工程师的闫春生受命组建六氟磷酸锂研发团队，完全从零开始做起。经过两年日夜坚守、上千次实验，团队终于在 2008 年成功制造了 2 克六氟磷酸锂，各项数据指标都达标，由此打破了国外垄断。2009 年，200 吨中试通过验收。

看到多氟多的势头，国外企业为了逼多氟多退出六氟磷酸锂市场，将价格一降再降，直逼成本线。

面临生死考验，闫春生没有退缩，决定进一步改进生产工艺。他带领创新小组攻克多项关键技术难关，首创新的原料路线，在成套工艺技术、原材料纯化、专用装备开发、废弃物梯级高效利用等方面实现全面突破，最终实现产品完全替代进口，有力地反击了国外企业的价格战。

2011年，多氟多的六氟磷酸锂产量达到1000吨，成为国内第一家自主研发并且实现产业化的晶体六氟磷酸锂供应商；2012年多氟多应用设备改革安装新型搅拌装置；2013年优化技改实施R101加酸方式；2014年提升产量采用六氟磷酸锂优化工艺……一系列创新使得多氟多的主要原材料无水氢氟酸、氟化铝等全部实现自产，极大地降低了六氟磷酸锂生产成本。从2014年开始，多氟多的六氟磷酸锂产量开始位居世界第一。2021年，全球六氟磷酸锂产量6.8万吨，其中近三分之一来自多氟多。2022年多氟多的产量更是高达5.5万吨，位居全球第一。

不论是三环锻造的张运军，还是多氟多的李世江，他们的企业都不在中国一线二线城市，资源禀赋一般、区域优势一般、技术基础一般，但两个人身上都有一股持续创新的精神和不信邪的坚定信念，让两家企业在通往高端化升级的路上，不断实现技术突破和产业升级，在碰到困难时表现出强大的韧性。正是这样的企业家精神，让看似平凡的企业一步步成长为行业明星。创始人什么样，企业就是什么样，"企业就是创始人的企业"这句话一点没错。在中国企业高端化升级和探求更多新质生产力的路上，这样的企业家精神绝对是稀有品和必需品。

能力要求：高端化升级的"六力"模型

虽然高端化升级注定是中国企业未来的大趋势，但必须承认，目前只有少数领先企业能做到。因为它要求企业必须具备足够强的技术能力、经营能力和完备的管理体系，才有可能突破技术瓶颈、打造创新链闭环和商业闭环，否则既"无心"也"无力"做这件事。

基于案例调研发现，企业高端化升级通常需要具备的六大能力：技术突破力、产业孵化力、产品制造力、市场落地力、数字赋能力、机制变革力。需要说明，并非每家企业必须同时具备这六个能力才能进行高端化升级，不同企业的情况不同、侧重点也不同，而有些能力恰恰是在高端化升级的过程中试错培养起来的。企业根据自身实际培育或整合相关能力，方为务实之举。

（一）技术突破力

技术突破力，是指企业对前端的技术路线选择、总体技术架构、单项核心技术研发等具备正向攻关突破的能力，掌握了解构技术瓶颈、描绘整体技术路线图、确定总体技术方案的方法，解决的是高端化升级的前端"核心技术突破"问题。

技术突破力有三个关键点，第一个是企业对技术路线的前瞻和选择,第二个是对总体技术架构的把控,第三个是对单项核心技术的研发实力。比如,河北钢铁集团敢于将传统碳冶金技术路线变更为氢冶金路线,就是对技术路线的创新性选择;中国电子科技集团第38所在"浮空器国产化"攻关的过程中,之所以能够扮演核心技术攻关"出题人"角色,向上牵引基础科学技术理论突破、向下牵引关键材料元器件分系统的设计研发,是因为掌握了总体技术架构,发挥出双向牵引的总体单位枢纽优势。

在技术突破力中,开辟新的技术路线最难做到也最能体现新质生产力的核心内涵,因为这是一种抄不来更买不到的底层技术能力,一旦拥有就具有了天然的技术竞争壁垒和获取超额利润的底气。

(二)产业孵化力

产业孵化力,是指企业以培育高端新产业为目标,将新创意或新技术进行早期孵化,从产品原型再到小试中试阶段的能力,解决的是高端化升级的"技术可行性"问题。产业孵化不是一般的孵化,而是以培育高端新产业或升级原有产业为目标的孵化。产业孵化力将实验室中的科学技术突破、科研成果与工程化前期加以联结,而很多企业恰恰就败在了这个环节。传统研发模式往往投入巨大但效率较低,必须采用新的模式进行低成本试错,方能打通创新链的瓶颈。产业孵化就是一种低成本、渐进式的试错方式,而不是一开始就投入巨资进行"赌博"式的研发创新。

比如,徐工基础采用了内创业模式,对认为有价值的高端新产品组建由内外部人员构成的创业团队,按照阶段考核的目标进行孵化。当内创业项目通过了孵化阶段考核、确定进入后续工程化、产业化阶段时,企业再大规模投资跟进;如果内创业项目达不到进阶考核指标，就果断终止，从而大幅降低企业研发成本。

产业孵化力的关键是企业选择恰当的孵化模式。相应地，企业的组织架构、资源分配、管理授权都要进行重大调整，这才是考验企业产业孵化力的关键。很多企业家空有产业孵化的理念，却没有产业孵化的落地模式，最后落得一场空。

（三）产品制造力

产品制造力，是指企业在高端化升级的过程中，具备打破"科研—工程两张皮"顽疾，将科研成果和孵化产出进行快速工程化和大规模稳定量产的领先意识、成套机制、落地方法，解决的是"生产执行"问题。产品制造力涉及产品设计、工艺突破、制造装备、产线设计、材料、软件、数据、检验测试等方方面面的问题。可惜的是，中国大量企业的高端化升级不是卡在基础研发环节或前端研发阶段，而是经常卡在工程化和规模化量产阶段。

其实，这不仅仅是制造本身的问题，而是企业缺乏将科研、工程化和稳定量产快速整合起来的能力，核心是如何在科学家思维和工程师思维间找到平衡，顶天又立地地解决问题。科学家和研发人员是发散思维，他们能天马行空地提出解决问题的新颖方案，但最后很难收敛到后端工程化上，导致"科研—工程—量产"的割裂，创新不收敛正是导致我国面临诸多"卡脖子"技术的重要原因。想要实现高端化升级的企业，必须形成强大的产品制造力。

比如中国电科 29 所在北斗三号的研制过程中，采用技术攻关和产品研制并举的方式，推动新技术快速工程化。在核心器件大功率固态功放的研制中，中国电科 29 所发现基于氮化镓工艺的大功率固态功放具备先天技术优势，但工艺尚未成熟。于是中国电科 29 所联合相关单位启动兼顾技术先进性与产品工程化的专题攻关，在技术上实现突破的基础上同步开展样件研制，样件测试结果支撑技术的下一轮突破。经过7轮技术与产品的迭代，突破真空条件下高功率耐受、大功率发射条件下的氮化镓工艺、高可靠的长寿命试验考核等一系列"卡脖子"技术，在国际上首创百瓦量级氮化镓固态功放，首次实现北斗三号卫星的在轨应用与长时间寿命考核。

（四）市场落地力

市场落地力，就是通过创新商业模式拿到高端客户订单、实实在在赚钱的商业力，解决的是"商业变现"问题。有人买，才是硬道理，否则就是伪升级。这点看似简单，却是很多企业心中永远的痛，因为有很多企业在潜意识里认同"技术决定论"——只要技术好，一定有订单。无数"血淋淋"的失败案例反复证明，市场永远是检验技术的唯一真理。企业高端化升级的市场落地力，不仅是建立渠道、创新商业模式的能力，而是从一开始就将客户需求纳入创新链、以市场来引领研发设计、生产制造、质量管理的能力。

如何让企业具备市场落地力？关键是提升"逆向创新"能力，即从市场需求出发考虑所有问题，把发现需求、满足需求作为高端化升级一切工作的出发点，将新产品的市场开发提到研发设计之前，先开发市场，再根据市场开发产品、细化工艺、推进生产、提升质量。比如，徐工基础在方案设计阶段就先根据完全竞争市场的规律确定市场售价，进而倒逼成本及设计方案，再通过技术、工艺、供应商、经销商、客户协同设计，快速研制出适销对路的新产品。

再比如，太钢也采用"先期介入"（EVI）模式，根据终端用户的实际需求，与终端用户相互配合开展新产品开发和用户使用技术研究，共同开发新领域和新材料。为此，太钢还专门制定了《实施先期介入为客户创造价值的管理办法》，以制度的方式形成 EVI 的长效机制，要求营销人员和技术人员提前介入客户的设计、研发等前期阶段，与客户一起研制开发。通过 EVI 的长效机制模式，可以将上下游行业的人才和技术更好地结合在一起，快速且高质量满足下游客户的需求，并能使双方成为长期稳定的合作伙伴。

（五）数字赋能力

数字赋能力，是企业在利用数字化技术推动企业高端化升级过程中具备的成套数字化方案开发和应用能力，解决的是高端化升级的"效率"和"精准"问题。数字赋能力体现在创新链的各个环节中，包括从原理突破到产品设计、从工艺改进到生产制造、从商业模式到产销生态。精准高端的数字化能力，不是简单的数字化改造和大面上的数字化升级，而是解决高端化升级场景下突破瓶颈的数字能力，指向精准、效率高效。

比如，中天科技面对光棒制造环节的"卡脖子"工艺技术和制造装备瓶颈，应用建模仿真技术实现了光棒关键制造设备和检测设备自主化，打破了国外技术封锁，同时完成了设备的互联互通和大数据中心建设，实现了生产制造数字化、工艺研发过程预测及设计优化，同时推动了质量及能源管理的数字化，让公司的生产运营管理全面迈向数字化，快速与国际同行比肩。

（六）机制变革力

机制变革力，是指企业通过变革内部机制，将高端化升级所需的各种内外部要素动员整合起来，通过激发活力打通创新链条，最终形成稳定长效运行的能力,解决的是高端化升级中的"资源高效利用"问题。机制变革力还有另一层含义,即企业根据外部环境的变化动态调整机制、持续适应高端化升级需求的能力。这是一种动态能力,让企业具备了可持续高端化升级的基础(见图7-1)。

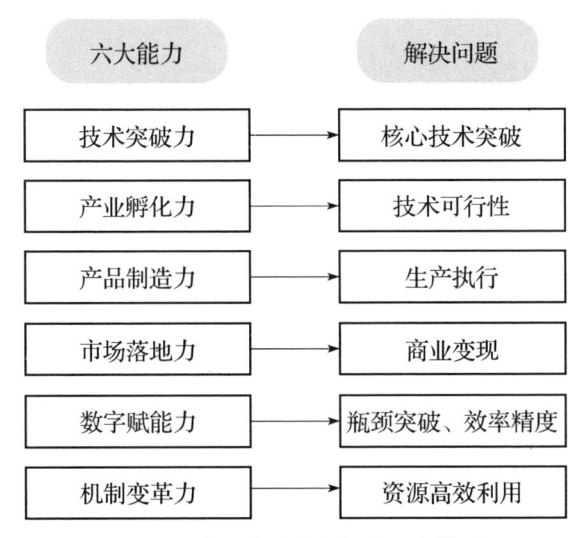

六大能力	解决问题
技术突破力	核心技术突破
产业孵化力	技术可行性
产品制造力	生产执行
市场落地力	商业变现
数字赋能力	瓶颈突破、效率精度
机制变革力	资源高效利用

图 7-1 企业高端化升级的六力模型

比如,国睿科技首先利用国家指定的城市轨道交通国产化信号总成单位和江苏省城市轨道交通信号龙头企业的身份,牵头联合产业链资金、技术和人才资源,整合高校院所、产业链上下游企业等创新资源与四家合作单位组建了轨道交通自主可控信号系统创新联合体。随后国睿科技通过牵头获取重大集成项目、带动联合体单位产品应用,以及通过资本运作成立合资公司、促进产品应用与市场拓展等方式,让联合体的参与单位乐于在国睿科技的引领下,各司其职、交叉融合,构建出稳定长效高效的高端化升级机制。

战略认知：高端化升级不是打补丁，而是换系统

中国企业历经40多年的改革开放，从早年的低端跟随，到后来的模仿创新，再到如今的自主创新，进入发展新质生产力的阶段。历史的演进，让一直处在全球价值链中低端的中国企业，真正迎来了打"翻身仗"、实现群体跃升的机会窗口。在这个关键的时间点，企业能否实现跃升，往往只取决于关键的那几步。看看前人的经验教训和成功者曾经走过的弯路，会给那些志在实现高端化升级的企业无比珍贵的启示。

启示一：高端化升级的命门是"换系统"。

企业实现高端化升级，必须突破关键环节的技术瓶颈，打造完整的技术创新链闭环，还必须最终实现商业价值。从这个视角看，企业高端化升级是一个系统工程，绝不是打打补丁就能实现的，而要通过三链贯通击穿高端化的瓶颈点。如果一定要说什么是企业高端化升级的命门，那就是"换系统"。换系统换得是否彻底到位，直接关系到高端化升级能否成功。谁打造了面向高端化升级的创新链闭环，谁就掌握了主动权。

此外，高端化升级看上去推动企业向高附加值产品和高端市场进

军，其实它最大的价值是带动了整个创新链、产业链、供应链的全面提升，让企业建立了一套高效运行、良性互动的科技创新体系，打造了一个创新链闭环。这个体系不只是突破某个单点的关键核心技术，而是通过整个创新链实现高端化升级。

启示二：企业打通创新链，要有"局部突破、整体推进"的系统性思维。

"局部突破"指的是必须突破创新链上的关键技术瓶颈点，要么是前端、中端、后端的瓶颈点，要么是另辟蹊径、开辟一条新的技术路线，不论怎样都要找到高端化突破的"靶子"才能切入；"整体推进"指的是必须按照换系统的思维让高端化升级实施落地，这个系统是企业大的经营管理系统，从经营思维和模式、管理理念和手段都要有调整和变化。虽然打通创新链突破的往往是某个关键点位，但如果其他环节跟不上，仍然是传统思维和传统做法，就无法打造创新链闭环和商业闭环。

启示三：不偏离科技创新的本质，恪守务实创新。

高端化升级是基于核心技术突破、科技含量很高的高端化，自主科技创新是关键。当前关于创新的概念、理论和提法很多，但万变不离其宗，企业要坚持务实创新，才有可能把高端化升级这件事做实做透。务实创新这四个字看着简单，却不是每个企业都能做到的。很多企业扛着创新的大旗做了很多年，创新效能却始终不高，价值创造力有限。高端化必须反对几个主义：

一是概念主义：刻意求新、花样翻新，不以解决实际问题为导向；

二是技术主义：重技术、轻管理轻市场，缺乏商品化和成本意识等；

三是机会主义:创新是偶然的机遇,是不可控的,高端化是碰运气;

四是封闭主义:创新和高端化完全由自己来做,不与外界合作协同;

五是速成主义:创新和高端化可以很快实现。

启示四:"航母企业"或"小马企业"都能实现高端化升级。

很多企业认为只有领先的航母型企业才具备高端化升级的能力,实则不然,航母企业和小马企业都可以。航母企业是指本来就是行业头部企业或巨型垄断企业,小马企业则是指一些专精特新企业、单项冠军或隐形冠军企业。这两类企业要么资源丰富,在行业中处于天然链长地位,要么在某一方面具有极强的专业知识和行业积累,是"小而美"的代表,都具备突破技术瓶颈、打通创新链、实现商业闭环的高端化升级潜力。

启示五:机制变革决定高端化升级成败。

机制决定了企业高端化升级中创新主体的活力动力、资源整合的深度广度,以及协同创新的力度精度。为什么同一行业中的不同企业,有的高端化升级能够成功,有的就惨败而归,核心就在于机制的差异。吉利远程的醇氢新能源商用车,如果没有社会资本在创新链各个环节的介入,没有创投股权机制吸引高端人才,没有吉利集团内部知识共享的机制,那么其很难真正落地。所以,设计靠谱落地的机制是解开企业高端化升级成功密码背后的金钥匙。

启示六:政府出台支持企业高端化升级的政策应力求精准和快速。

在推动企业高端化升级的专项支持配套政策中务求"精准"和"快速"。

首先，政策着力点必须精准。政策的出台不求大而全、不求顾及企业高端化升级的方方面面，而要抓住企业高端化升级的痛点，比如高端人才如何引进、使用和激励，就是企业急需的。政策支持可以通过试点突破现有约束，形成面向企业高端化升级的人才引进支持激励特殊政策。

其次，差异化政策必须精准。不同行业甚至不同企业的高端化升级都有差异，政策的出台应该考虑差异化导向。比如，有的行业高端化升级的重点是前端基础创新，有的行业高端化升级的重点是生产工艺和装备产线，有的则是产品开发设计。政策的差异化支持设计背后，要根据不同类高端化升级提出针对性的政策条文。

最后，政策必须快出台、快执行、快评价。企业高端化升级的机会窗口稍纵即逝，一旦政策出台速度跟不上形势变化，就有可能被落下更远。此外，政策出台后的执行和评价也要快，根据政策实施的效果做出快速反馈、快速调整和快速更新。

让中国企业的高端化自信绽放，让新质生产力在中国大地开花结果！

POSTSCRIPT
后记

遥不可及与近在咫尺

早些年，进入高端市场、打造高端品牌，对中国企业来说是那么遥不可及，但又无比渴望。

近些年，突破技术封锁、获取高端利润，已有部分企业做到了这一点，体验着近在咫尺的幸福。

高端化从遥不可及到近在咫尺，这中间究竟发生了什么，中国企业是如何做到的，其他企业可以从中借鉴什么……一系列的问题吸引着我们不断思考，而这种思考从四五年前就已开始。2023年年底、2024年年初，恰逢中央提出加快发展新质生产力，高端化升级成为企业发展新质生产力的关键，迫切需要探究那些实践成功的企业背后的原因、总结可复制的经验模式。于是，我们两位作者在很短时间内达成了共识，一定要把这个伟大时代的不凡实践记录下来，迅速将脑中的思考变为指尖上的文字。

当然，这一过程并不顺利，甚至很难熬。中国企业处在一个从未有过的特殊时期，一方面被欧美国家脱钩断链、"卡脖子"封锁，另一方面大量企业还面临生存压力，身后的追兵步步紧逼。但是，愈是压力大，愈要想办法创新突围。不突围，就只能等死。高端化升级恰恰是未来中国企业最重要且最可行的一个突围方向。对我们来说，要从众多案例中提炼出中国企业高端化升级背后的规律，非常烧脑。不同行业特点、不同企业路径、不同高端化思路、不同企业家个性……众多因素交织在一起，让我们每日都在高速思考与紧张写作中，好在最终如期完成了稿子。

本书的完成，得到了众多企业和业内人士的支持、鼓励与厚爱。

首先，我们要感谢出现在本书中的所有案例企业。我们两位作者由于工作原因，有机会大量接触到这些勇于突破、成功实现高端升级的企业，并能在一线调研了解其创新思路和具体做法。这些案例企业犹如夜空中的明星，不仅点亮着我们的思维，更为其他企业带来前行路上的指引。这些企业的创新做法，多收录在每年出版的《全国企业管理现代化创新成果》案例集中，这也是我们进行案例分析研究的主要资料来源。由于涉及的案例企业较多，在此一并致谢。

其次，我们要感谢众多业内人士和好友的鼓励。相关企业家对我们撰写此书给予了大力支持，中国企业联合会常务副会长兼秘书长朱宏任、国务院研究室原副主任向东对于本书给予了亲切关怀和悉心指导，并专门撰写了推荐序。业内好友和相关专家们也给本书提供了很多好的建议和意见，让我们在写作路上备受鼓舞，在此一并感谢。

再次，我们要感谢企业管理出版社，从社领导到责任编辑对本书都给予了大力支持，他们的专业意见令本书增色良多。

最后，我们要感谢这个伟大的时代。伟大的时代，一定是创新占据人们心灵、创新实现自由的时代。正是这样的创新土壤，让中华大地涌现了一批成功迈向价值链高端的企业，给我们提供了思考和研究的宝贵机会。

当然，我们还要感谢自己，能在繁忙的工作之余静下心来思考、写作，每次思考都带来认识上的提升，认知的提升又促使我们展开新的思考，这也是我们拥抱这个时代的最佳方式。真心希望本书总结的模式和所提的建议，能够为那些正奋力攀登在高端化之路上的中国企业提供些许帮助和启发。

当定稿的那一瞬间，我们心中无比激动，但又心存遗憾。虽然我们调研接触了大量企业，也进行了多次头脑风暴和多轮修改完善，但由于学识水平有限，认知仍有待提升，所以书中尚有不足之处，恳请各位读者指正。

遥不可及的，一定不是梦，而是不敢突破的内心畏惧；近在咫尺的，一定不会唾手可得，而是艰辛努力后的果实。诚愿中国企业早日攀登突破，亦愿我们能战胜自我，突破升级。

是以为记。

2024 年 3 月于北京